新编学生国学丛书

后汉书

庄适　选注　王文晖　校订

中国文史出版社

图书在版编目（CIP）数据

后汉书/庄适选注；王文晖校订．——北京：中国文史出版社，2019.7

（新编学生国学丛书/缪天绶等主编）

ISBN 978-7-5205-1415-6

Ⅰ.①后… Ⅱ.①庄… ②王… Ⅲ.①中国历史－东汉时代－纪传体 ②《后汉书》－注释 Ⅳ.①K234.204.2

中国版本图书馆CIP数据核字(2019)第245112号

责任编辑：金　硕

出版发行：**中国文史出版社**
社　　址：北京市海淀区西八里庄路69号院　　邮　　编：100142
电　　话：010-81136606　81136602　81136603　81136605（发行部）
传　　真：010-81136655
印　　厂：北京温林源印刷有限公司
经　　销：全国新华书店
开　　本：880mm×1230mm　1/32
印　　张：5.875
字　　数：120千字
版　　次：2020年2月北京第1版
印　　次：2020年2月第1次印刷
定　　价：23.80元

总　　序

冯天瑜

作为汉字古典词，“国学”本谓周朝设于王城及诸侯国都的贵族学校，以与地方性、基层性的“乡校”“私学”相对应。隋唐以降实行科举制，朝廷设“国子监”，又称“国子学”，简称“国学”，有朝廷主持的国家学术之意。

时至近代，随着西学东渐的展开，与来自西洋的“西学”相比配，在汉字文化圈又有特指本国固有学术文化的“国学”一名出现。如江户幕府时期（1601—1867）的日本人，自18世纪起，把流行的学问归为三类：汉学（从中国传入）、兰学（从欧美传入，19世纪扩称洋学）、国学（从《古事记》《日本书纪》发展而来的日本固有学术）。19世纪末、20世纪初，中国留日学生与入日政治流亡者，以及活动于上海等地的学人，采借日本已经沿用百余年的“国学”一名，用指中国固有的学术文化。1902年梁启超（1873—1929）撰文，以“国学”与“外学”对应，强调二者的互动共济，梁氏曰：“今日欲使外学之真精神普及于祖国，则当转输之任者，必邃于国学，然后能收其效。”（《论中国学术思想变迁之大势》）1905年国粹派在上海创办《国粹学报》，公示“发明国学，保存国粹”宗旨。这里的“国学”意为“国粹之学”。该刊发表章太炎（1869—1936）、刘师培（1884—1920）、陈去病（1874—1933）等人的经学、史学、诸子学、文字训诂方面文章，以资激励汉人的民族精神与文化自信。从此，中国人开始在“中国固有学术文化”意义上使用“国学”一词，为“国故之学”的简称。所谓“国故”，指中国传统的学术文化之故实，此前清人多有用例，如魏源（1794—1857）认为，学者不应迷恋词章，学问要从“讨朝章、讨国故始”（《圣武记》卷一一），这“讨国故”的学问，也就是后来所谓之国学。

经清末民初诸学者（章太炎、梁启超、罗振玉、王国维、刘师培、黄侃、陈寅恪等）阐发和研究，国学所涉领域大定为：小学、经学、史学、诸子、文学，约与现代人文学的文、史、哲相当而又加以综汇，突现了中国固有学术整体性特征，可与现代学校的分科教学相得益彰、彼此促进，故自 20 世纪初叶以来，“国学”在中国于起伏跌宕间运行百年，多以偏师出现，而时下又恰逢勃兴之际。

中国学术素有“文、史、哲不分家”的传统，中国学术的优势与缺陷皆与此传统相关。百年来的中国学校教育仿效近代西方学术体制，高度分科化，利弊互见。其利是促进分科之学的发展，其弊是强为分割知识。为克服破碎大道之弊，有人主张打通文、史、哲壁垒，于是便有综汇中国人文学的“国学”之创设，并编纂教材，进于学校教育、家庭教育、社会教育，其先导性教材结集，为 20 世纪 20 年代至 30 年代原商务印书馆由王云五策划并担任主编的《万有文库》之子系《学生国学文库》。所收均为四部重要著作。略举大凡：经部如诗、礼、春秋，史部如史、汉、五代，子部如庄、孟、荀、韩，并皆刊入；文辞则上溯汉、魏，下迄近代，诗歌则陶、谢、李、杜，均有单本，词则多采五代、两宋。丛书凡 60 册，已然囊括了“国学”之精粹。其鲜明之特色是选注者掺入了对原著的体味，经史诸书选辑各篇，以表见其书、其作家之思想精神、文学技术、历史脉络者为准。其无关宏旨者，概从删削、剔抉。选注者中不乏叶圣陶、茅盾、邹韬奋、傅东华这样的学界翘楚。他们对传统国学了然于胸，于选注自然是举重若轻，驾轻就熟。这样一份业经选注者消化、反刍的国学精神食粮自然更便于国学入门者吸收。

这样一套曾在20世纪初在传播传统文化、普及国学知识方面起到重要的作用的丛书即便今天来看也是历久弥新。中国文史出版社因应时势，邀约深谙国学之行家里手于原辑适当删减、合并、校勘，以30册300余万言，易名《新编学生国学丛书》呈献当今学子。诸书均分段落，作标点，繁难字加注音，以便省览。诸书原均有注释，古籍异释纷如，原已采其较长者，现做适当取舍、增删。诸书较为繁难、多音多义之字，均注现代汉语拼音，以便讽颂。诸书卷首，均有选注者序，述作者生平、本书概要、参考书举要等，凡所以示读者研究门径者，不厌其详，现一仍其旧。

这样一套入门的国学读物，读者苟能熟读而较之，冥默而求之，国学之精要自然神会。

是为序。

校订说明

丛书原名《学生国学文库》，为20世纪二三十年代商务印书馆王云五主编《万有文库》之子系，现易名《新编学生国学丛书》，奉献给广大国学爱好者。

原丛书共60种，考虑到难易程度、四部平衡、篇幅等因素，在广泛征求专家意见基础上，现删减为34种30册。

基本保留了原书的篇章结构。因应时势有极少量的删节。

原文部分，均选用通用、权威版本全文校核，参以校订者己见做了必要的校核和改订。为阅读的通顺、便利，未一一标注版本出处。

注释根据原文的结构分别采用段后注、文后注，以便读者省览。原注作了适当增删，基本上保持原文字风格，之乎者也等虚词适当剔除，增删力求通畅、易懂，避免枝蔓。典实、注引做了力所能及的查证，但因才学的有限疏漏可能在所难免。

原书为繁体竖排，现转简体横排。简化按通行规则，但考虑到作为国学读物，普及小学知识亦在情理之中，故而保留了少量通假字、繁体字、异体字，一般都出注说明。或许亦可增加读者的阅读兴趣和扩大知识面。

生僻、多音字作相应注音，原反切、同音、魏妥玛注音，均统一改现代汉语拼音。

国学读物校订，工作浩繁，往往顾此失彼，多有不当处，还望读者指正。

绪 言

《后汉书》是南北朝时宋范晔所作。据《宋书》晔本传：晔，字蔚宗，少好学，博涉经史，善为文章；先为尚书吏部郎，以罪降宣城太守，不得志，乃删众家《后汉书》为一家之作；后为左卫将军太子詹事，和散骑侍郎孔熙先连结，欲奉武帝子义康作乱，事觉，熙先被诛，晔亦死。晔一生事略，大概如此。现在不说他事，只说他的《后汉书》。

《后汉书》的批评，好坏不一。范犯罪下狱，从狱中与甥侄书，说及此书，很是自负，梁沈约说他的话“并实”。梁刘昭说他此书胜过诸家。唐刘知几称范书：“简而且周，疏而不漏。”清王先谦说他“比类精审，属词丽密，极才人之能事”。那都是说好他的。至于说坏他的，宋晁说之说他采集不当，有失史体。翟汝文说：“范书冗陋。”清王鸣盛说他叙事颠倒，错杂眩目。何焯说他有些地方纪载琐屑，不合史裁。此外说好说坏的还有好多家，不能统统记下。那么范书到底算好的呢，还是坏的呢？平心而论，从他枝节上苛求，诚然有不妥当的地方，从他大体上评判，实在是有价值的作品；况且诸家论调，说坏的大抵是片面的话头，对于本书全部，多半是说好的，所以范书可当作好书看。

范书体例：《光武纪》开首就称光武；《齐武王縯传》

不称名而称字伯升；各传不拘时代，第就其人的生平，以类编次；凡不能独立一传的，附见在他传的后面：这都是仿照马班的办法。但是范氏著书的宗旨，重风节，轻爵位，很不以班氏父子排死节，否正直，不叙杀身成仁之美为然，所以往往有位至三公，不为立传，而独标瑰行奇节的人，如《党锢》《独行》《逸民》等传，都是表示他意旨的所在。他的意思，无非要矫正班氏的错误。其他如胡广之贪位惧祸，党恶误国，传文表面上很是褒崇，而字里行间，冷嘲热讽，非常刻毒，用笔和《史记》传平津叔孙，《前汉书》传张禹孔光，正复相同。须知范书以前，如谢承《后汉书》，薛莹《后汉纪》，司马彪《续汉书》，华峤《汉后书》，谢沈《后汉书》，袁山松《后汉书》等，和范书类似的作品很多，为什么都湮没不彰，只范书和马、班同传呢？这便是为诸家作史的能力，都比不上范氏的缘故。

范书中的《党锢》《独行》《逸民》等传，都是他的创作，并且是原书的大特色。此外又专为皇后作纪，晁说之以为前此史书所未有，说他不应当。何焯说，东京皇后，临朝者六，范氏作纪，为得其实，自合史家之变，后人不必仿效。清陈浩谓吕后有纪，见于前书，皇后纪并非范氏所创。清钱大昕也说，晋书称华峤作《汉后书》，中有帝纪十二卷，皇后纪二卷，峤以皇后配天作合，不能与他人相提并论，所以改作纪，次帝纪之下，是皇后纪乃峤自出新意，范特仍之。史书为皇后作纪，不能归罪于范，即使是范创作，也为着后汉的情势不同，不能说坏他了。

可是一层，将范氏的本领，和马、班比较，史才固然差不多，文才到底不如他们，因此我们用文学的眼光去选辑史书，范书中可选的材料，比《史记》《前汉书》少。现在舍短取长，精心抉择，专就文笔优长，兴趣浓厚的拣选，一共选得二十篇：选《光武帝纪》可知汉室怎样光复起来；选《马后纪》给后来诸后临朝专政宠任外戚作反照；选《齐武王縯传》以著光复汉室的首功者；选《马援传》作武臣的模范；选《郑玄传》作经师的表率；选《胡广传》以见范氏的史才；选《班超传》著东汉开边的事实；《黄宪传》能见范氏的文才；《申屠蟠传》所以称高节；《臧洪传》可表义烈；《陈寔传》足扬名德；吏治选《吴祐·仇览传》；党锢选《范滂·贾彪传》；独行选《范式·范冉传》；逸民选《严光传》；列女选《乐羊子妻》和《董祀妻》。虽只寥寥二十篇，却已备具全书的体裁，略见作者的才识和东京一代的事迹。此外凡不合本丛书选辑的宗旨，在读者方面又不能感起兴味的，都从割爱。

又本丛书所选文字，本不删节，本书系历史书，有些是记账式，不可不略为变通，因此《光武帝纪》及《齐武王縯传》《班超传》等篇，都有剪裁，而用……的符号去标明他；《董祀妻传》为免文字重复起见，也引用此例。至《光武帝纪》所选各段，有四个主要点，也趁便在此一说：一、创业；二、削平群雄；三、改革制度；四、外夷归服。

以上各节，于范氏的略历，范书和要点，和本书的编法及旨趣，大致都已说明，读者得此，似乎可略得研究范书和门径了。

庄适

1925 年 11 月 15 日

目　录

光武帝纪

世祖光武皇帝①，讳秀，字文叔②，南阳蔡阳人③，高祖九世之孙也。出自景帝生长沙定王发④，发生舂陵节侯买⑤，买生郁林太守外⑥，外生巨鹿都尉回⑦，回生南顿令钦⑧，钦生光武。光武年九岁而孤，养于叔父良⑨。身长七尺三寸，美须眉，大口，隆准，日角⑩。性勤于稼穑⑪；而兄伯升好侠养士，常非笑光武事田业，比之高祖兄仲⑫。王莽天凤中⑬，乃之长安，受《尚书》⑭，略通大义。莽末，天下连岁灾蝗，寇盗锋⑮起。地皇⑯三年，南阳荒饥，诸家宾客多为小盗，光武避吏新野⑰，因卖谷于宛⑱。宛人李通等⑲，以图谶⑳说光武云："刘氏复起，李氏为辅。"光武初不敢当，然独念兄伯升素结轻客㉑，必举大事，且王莽败亡已兆，天下方乱，遂与定谋。于是乃市兵弩。十月，与李通从弟轶等㉒起于宛，时年二十八。十一月，有星孛于张㉓。光武遂将宾客还舂陵。时伯升已会众起兵。初，诸家子弟恐惧，皆亡逃自匿，曰"伯升杀我"。及见光武绛衣大冠㉔，皆惊㉕曰"谨厚者亦复为之"㉖，乃稍自安。伯升于是招新市、平林兵，与其帅王凤、陈牧西击长聚㉗。光武初骑牛，杀新野尉㉘，乃得马。进屠唐子乡㉙。又杀湖阳尉㉚。军中分财物不均，众恚[31]恨，欲反攻诸刘。光武敛宗人所得物，悉以与之，众乃悦。进拔棘阳[32]。与王莽前队大夫甄阜、属正梁丘赐战于小长安[33]，汉军大败，还保棘阳。

---

①《礼》："祖有功而宗有德。"光武中兴汉室，故庙号世祖。光武，世祖谥。《谥法》："能绍前业曰光，克定祸乱曰武。" ②光武行三，故字文叔。 ③南阳：秦郡，汉属荆州，今湖北河南皆有地属之。蔡阳：汉县，故城在今湖北枣阳市西南。 ④谓出自景帝所生子长沙定王发。景帝：前汉文帝之子，名启。长沙：秦置郡，汉为国，地域包括今湖南全省。定：发之谥。 ⑤舂陵：乡名，在今湖北枣阳市东。刘秀称帝后，改为章陵县。节：买之谥。 ⑥郁林：汉郡，故城在今广西桂平县东。太守：一郡之长，秩二千石。 ⑦巨鹿：秦置郡，今隶属河北邢台。都尉：郡将之官。战国始置，位次于将军的武官。⑧南顿：汉县，故城在今河南项城市北。令：秦官，万户以上者之称，秩六百石至千石。 ⑨良：字次伯，封于赵，为赵孝王。 ⑩隆：高也。鼻头为准。日角：中庭骨起，状如日。⑪种曰稼，敛曰穑。 ⑫仲：高祖兄喜，封郃阳侯，能为产业。 ⑬王莽：字巨君，前汉元帝皇后之侄；篡汉位，国号新。莽篡汉，先以建国为年号，凡五年，改元天凤。 ⑭汉都长安，其时受学者皆赴京师。 ⑮锋：古与"蜂"通。 ⑯莽天凤六年之次年，改元地皇。 ⑰伯升宾客劫人，光武避吏于新野邓晨家。新野：县名，今属河南。 ⑱宛：秦县，今河南南阳治。 ⑲李通：字次元，一作伯玉，娶光武之妹伯姬，为中

兴功臣之一。　⑳谶（chèn）：图谶，占验之书。　㉑轻客：剽轻之客。　㉒轶：通堂弟，字季文。　㉓孛：彗星名。张：南方宿，为周地。孛于张：其星东南行，乃楚地，象楚地将有兵乱。后一年，光武攻南阳，斩王莽将甄阜、梁丘赐，杀士众数万，旋建都于周地洛阳，盖除秽布新之象。　㉔绛衣大冠：将军服饰。　㉕出于意外，故惊。　㉖光武素慎重，故称为谨厚者。　㉗新市、平林接界。王凤，新市人；陈牧，平林人。皆起兵，伯升诱致之，参阅《齐武王縯传》及注。长聚：聚名，参阅《齐武王縯传》注。　㉘尉：秦官，秩二百石至四百石。　㉙唐子乡：详《齐武王縯传》注。　㉚湖阳：汉县，故城在今河南唐河县南。　㉛恚（huì）：怨怒。　㉜棘阳：汉县，在今河南新野东。　㉝前队大夫、属正、小长安，皆见《齐武王縯传》注。

更始①元年正月甲子朔，汉军复与甄阜、梁丘赐战于沘水②西，大破之，斩阜、赐。伯升又破王莽纳言将军严尤、秩宗将军陈茂于淯阳③，进围宛城。二月辛巳，立刘圣公④为天子，以伯升为大司徒⑤，光武为太常偏将军⑥。三月，光武别与诸将徇昆阳、定陵、郾⑦，皆下之。多得牛马、财物，谷数十万斛，转以馈宛下⑧。莽闻阜、赐死，汉帝立，大惧，遣大司徒王寻、大司空⑨王邑将兵百万，其甲士⑩四十二万人，五月，到颍川⑪，复与严尤、陈茂合。初，光武为舂陵侯家讼逋租于尤⑫，尤见而奇之，及是时，城中出降尤者言光武不取财物，但会兵计策。尤笑曰："是美须眉者邪？何为乃如是！"

初，王莽征天下能为兵法者六十三家数百人，并以为军吏；选练武卫，招募猛士，旌旗辎重⑬，千里不绝。时有长人巨无霸，长一丈，大十围，以为垒尉⑭；又驱诸猛兽虎豹犀象之属，以助威武。自秦、汉出师之盛，未尝有也。光武将数千兵，徼之于阳关⑮。诸将见寻、邑兵盛，反走，驰入昆阳，皆惶怖，忧念妻孥，欲散归诸城。光武议曰："今兵谷既少，而外寇强大，并力御之，功庶可立；如欲分散，势无俱全。且宛城未拔，不能相救，昆阳即破，一日之间，诸部亦灭矣。今不同心胆共举功名，反欲守妻子财物邪？"诸将怒曰："刘将军何敢如是！"光武笑而起。会候骑⑯还，言大兵且至城北，军陈数百里，不见其后。诸将遽相谓曰："更请刘将军计之。"光武复为图画成败。诸将忧迫，皆曰："诺。"时城中唯有八九千人，光武乃使成国上公王凤⑰、廷尉大将军王常⑱留守，夜自与骠骑大将军⑲宗佻、五威将军⑳李轶等十三骑，出城南门，于外收兵。时莽军到城下者且十万，光武几不得出。既至郾、定陵，悉发诸营兵；而诸将贪惜财货，欲分留守之。光武曰："今若破敌，珍珤㉑万倍，大功可成；如为所败，首领无余，何财物之有！"众乃从。

严尤说王邑曰："昆阳城小而坚，今假号者㉒在宛，亟进大兵，彼必奔走；宛败，昆阳自服。"邑曰："吾昔以虎牙将军围翟义[23]，坐不生得，以见责让，今将百万之众，遇[24]城而不能下，何谓邪？”遂围之数十重，列营百数，云车[25]十余丈，瞰[26]临城中，旗帜蔽野，埃尘连天，钲[27]鼓之声闻数百里。或为地道，冲輣橦城[28]。积弩乱发，矢下如雨，城中负户而汲[29]。王凤等乞降，不许。寻、邑自以为功在漏刻，意气甚逸。夜有流星坠营中，昼有云如坏山，当营而陨，不及地尺而散[30]，吏士皆厌[31]伏。

六月己卯，光武遂与营部俱进，自将步骑千余，前去大军四五里而陈。寻、邑亦遣兵数千合战。光武奔之，斩首数十级。诸部喜曰：“刘将军平生见小敌怯，今见大敌勇，甚可怪也！且复居前。请助将军！”光武复进，寻、邑兵却，诸部共乘之，斩首数百千级[32]。连胜，遂前。时伯升拔宛已三日，而光武尚未知，乃伪使持书报城中云“宛下兵到”，而阳堕[33]其书。寻、邑得之，不憙[34]。诸将既经累捷，胆气益壮，无不一当百。光武乃与敢死者[35]三千人从城西水上冲其中坚[36]，寻、邑陈乱，乘锐崩之，遂杀王寻[37]。城中亦鼓噪而出，中外合势，震呼动天地，莽兵大溃，走者相腾践，奔殪[38]百余里间。会大雷风，屋瓦皆飞，雨下如注，滍川[39]盛溢，虎豹皆股战，士卒争赴，溺死者以万数[40]，水为不流。王邑、严尤、陈茂轻骑乘死人度水逃去。尽获其军实辎重、车甲珍宝，不可胜算，举之连月不尽，或燔烧其余。

光武因复徇下颍阳[41]。会伯升为更始所害[42]，光武自父城驰诣宛谢[43]。司徒官属[44]迎吊光武，光武难交私语，深引过而已。未尝自伐昆阳之功，又不敢为伯升服丧，饮食言笑如平常。更始以是惭，拜光武为破虏大将军㊺，封武信侯。

九月庚戌，三辅豪杰共诛王莽，传首诣宛㊻。更始将北都洛阳㊼，以光武行司隶校尉㊽，使前整修宫府。于是致㊾僚属，作文移㊿，从事司察，一如旧章(51)。时三辅吏士东迎更始(52)，见诸将过，皆冠帻(53)，而服妇人衣，诸于绣𧞣(54)，莫不笑之，或有畏而走者。及见司隶僚属，皆欢喜不自胜。老吏或垂涕曰："不图今日复见汉官威仪(55)！"由是识者皆属心焉。及更始至洛阳，乃遣光武以破虏将军行大司马事(56)。十月，持节(57)北度河，镇慰州郡。所到部县，辄见二千石、长吏、三老、官属，下至佐史(58)，考察黜陟，如州牧行部事(59)。辄平遣囚徒，除王莽苛政，复汉官名。吏人(60)喜悦，争持牛酒迎劳。进至邯郸(61)，故赵缪王子林(62)说光武曰："赤眉(63)今在河东，但决水灌之，百万之众，可使为鱼。"光武不答，去之真定(64)。林于是乃诈以卜者王郎为成帝子子舆(65)，十二月，立郎为天子，都邯郸，遂遣使者降下郡国。

---

①光武等起兵，刘圣公亦与焉，号更始将军。及为天子，因以更始为年号。　②泚水：亦作沘水，出今河南泌阳。　③纳言、严尤、秩宗、淯阳，皆见《齐武王縯传》注。淯阳：縯传作"育阳"。　④刘圣公：名玄，光武族兄。　⑤前汉三公，即大司马、大司空、大司徒。　⑥太常：见《马援传》"九卿"注。秦名奉常，景帝更名。偏将军：将军之一种。　⑦徇：掠

取。昆阳：汉县，今河南叶县。定陵：汉县，即今河南舞阳县。郾：即今河南郾城县。 ⑧时伯升方围宛。 ⑨大司空：见上“大司徒”注。 ⑩甲士：各州郡所选之精兵。 ⑪颍川：秦置郡，地在今河南。 ⑫春陵侯：即光武帝刘秀的叔父刘敞。逋租：即欠租。 ⑬辎重：随军运载的军用物资。⑭垒尉：警卫垒壁的武官。 ⑮徼（jiào）：巡查。阳关：聚名，在今河南禹县西北。 ⑯候骑：担任侦察巡逻任务的骑兵。 ⑰王凤自新市起兵，更始立，以为成国上公。 ⑱廷尉大将军：大将军而冠以廷尉之号。王常：字颜卿，中兴功臣之一。 ⑲骠骑大将军：前汉武帝置，霍去病始为之。 ⑳五威将军：王莽置，其衣服依五方之色，以威天下。 ㉑琮：古“宝”字。 ㉒假号：古时称起事者自立的名号。假号者即起事者。此指刘秀。 ㉓虎牙将军：将军之以虎牙名者，言其猛锐如虎之牙。翟义：字文仲，前汉丞相翟方进之子，为东郡太守。 ㉔遇：或作“过”。 ㉕云车：古代作战时用以窥察敌情的楼车。 ㉖瞰（kàn）：俯视也。 ㉗钲：一种古代乐器。形似钟而狭长，有柄，击之发声，用铜制成。行军时用以节止步伐。 ㉘冲：陷阵车。輣（péng）：楼车。橦（zhuàng）:突击之意。 ㉙负户而汲：汲时负户，所以避弩矢也。 ㉚此主所坠陨处覆军杀将，流血千里。 ㉛厌：同“压”。 ㉜数百千级：自数百级以至千级。 ㉝憧：同“堕”。 ㉞憙：与“喜”通。 ㉟敢死者：敢前死斗之人。 ㊱中坚：军队中最重要最坚强的部分。 ㊲寻、邑轻汉兵，自将万余人行陈，敕诸营毋动，独迎汉兵，不利，他军不敢擅救，汉兵遂乘胜杀寻。　⑧殪（yì）：仆。　⑨滍（zhì）川：今称沙河，在河南汝州，源出鲁山县西吴大岭，东南经昆阳北，又东与汝水会。

⑩数过于万，故以万为数。　⑪颍阳：秦置县，晋废，故城在今河南许昌市西南。　⑫更始害伯升事，详见《齐武王縯传》。　⑬父城：汉县，故城在今河南宝丰县东。伯升被害，光武不自安，故往谢。时更始已进都宛，故诣宛。　⑭司徒官属：即伯升官属。　⑮破虏大将军：大将军之加破虏名号者。

⑯三辅：即京兆、左冯翊、右扶风，在关中。前汉都关中，三地近畿辅，故称。城中少年朱弟、张鱼等攻莽，商人杜吴杀莽，校尉公宾就斩莽首，将军申屠建等传莽首诣宛。　⑰洛阳：在今河南，汉中兴于此建都。　⑱司隶校尉：察河内、河南、河东、京兆、冯翊、扶风、弘农七郡，秩比二千石，参阅《马援传》注。　⑲致：或作“置”，疑古字通。　⑳移：笺表之类。

㉑司隶置从事史十二人，秩皆百石，主督促文书，察举非法。

㉒此句谓东至洛阳迎侍。　㉓帻：古卑贱不冠者之所服。

㉔诸于：古时妇人穿的宽大上衣。绣镼（qū）：古代妇女所穿的彩色半臂上衣。　㉕汉官威仪：汉家官府之仪体。　㉖大司马：见上“大司徒”注。　㉗节：见《胡广传》注。　㉘二千石：谓郡守。长吏：谓县令县长及丞尉。三老：乡官，每乡一人。佐史：汉代地方官署内书佐和曹史的统称。　㉙州牧：即刺史。刺史行郡国，省察政教，黜陟能否，断理冤狱。　㉚人：本作“民”，唐避太宗讳改。　㉛邯郸：县名，今属河北。

㉜缪王：名元，景帝七世孙，坐杀人罪，故予以丑谥曰缪。林：

或作“临”。　⑬赤眉：见《齐武王縯传》注。　⑭真定：汉县，属真定国，后改正定，以至于今，属河北。　⑮前汉时，曾有人自称成帝下妻子子舆，遮诉立国将军孙建车前，至是林为号召计，故诈称王郎为子舆。

二年正月，光武以王郎新盛，乃北徇蓟①。王郎移檄②购光武十万户，而故广阳王③子刘接起兵蓟中以应郎，城内扰乱，转相惊恐，言邯郸使者方到，二千石以下皆出迎。于是光武趣④驾南辕，晨夜不敢入城邑，舍食道傍。至饶阳⑤，官属皆乏食。光武乃自称邯郸使者，入传舍⑥。传吏方进食，从者饥，争夺之。传吏疑其伪，乃椎鼓数十通，绐言“邯郸将军至”。官属皆失色。光武升车欲驰，既而惧不免，徐还坐，曰：“请邯郸将军入。”久乃驾去。传中人遥语门者闭之。门长曰：“天下讵可知，而闭长者乎？”遂得南出。晨夜兼行，蒙犯霜雪，天时寒，面皆破裂。至呼沱河⑦，无船，适遇冰合，得过，未毕数车而陷。进至下博⑧城西，遑惑不知所之。有白衣老父在道旁，指曰：“努力！信都郡为长安守⑨，去此八十里。”光武即驰赴之。信都太守任光⑩开门出迎。世祖因发旁县，得四千人，先击堂阳、贳县，皆降之⑪。王莽和戎[成]卒正邳彤⑫亦举郡降。又昌城人刘植⑬，宋子人耿纯⑭，各率宗亲子弟，据其县邑，以奉光武。于是北降下曲阳⑮，众稍合，乐附者至有数万人。

复北击中山⑯，拔卢奴⑰。所过发奔命兵⑱，移檄边部，共击邯郸，郡县还复响应。南击新市、真定、元氏、防子[19]，皆下之，因入赵界。

时王郎大将李育屯柏人[20]，汉兵不知而进，前部偏将朱浮、邓禹[21]为育所破，亡失辎重。光武在后闻之，收浮、禹散卒，与育战于郭门，大破之，尽得其所获。育还保城，攻之不下，于是引兵拔广阿[22]。会上谷太守耿况[23]、渔阳太守彭宠[24]各遣其将吴汉、寇恂等[25]将突骑[26]来助击王郎，更始亦遣尚书仆射谢躬[27]讨郎，光武因大飨士卒，遂东围巨鹿。王郎守将王饶坚守，月余不下。郎遣将倪宏、刘奉率数万人救巨鹿，光武逆战于南栾[28]，斩首数千级。四月，进围邯郸[29]，连战破之。五月甲辰，拔其城，诛王郎[30]。收文书，得吏人与郎交关[31]谤毁者数千章。光武不省，会诸将军烧之，曰："令反侧子[32]自安。"

更始遣侍御史[33]持节立光武为萧王[34]，悉令罢兵诣行在所[35]。光武辞以河北未平，不就征。自是始贰于更始。

是时，长安政乱，四方背叛。梁王刘永擅命睢阳[36]，公孙述称王巴蜀[37]，李宪自立为淮南王[38]，秦丰自号楚黎王[39]，张步起琅邪[40]，董宪起东海[41]，延岑起汉中[42]，田戎起夷陵[43]，并置将帅，侵略郡县。又别号诸贼铜马、大彤、高湖、重连、铁胫、大抢、尤来、上江、青犊、五校、檀乡、五幡、五楼、富平、获索等[44]，各领部曲，众合数百万人，所在寇掠。

光武将击之，先遣吴汉北发十郡兵。幽州牧苗曾不从，汉遂斩曾而发其众㊺。秋，光武击铜马于鄡㊻，吴汉将突骑来会清阳㊼。贼数挑战，光武坚营自守；有出卤㊽掠者，辄击取之，绝其粮道。积月余日，贼食尽，夜遁去，追至馆陶㊾，大破之。受降未尽，而高湖、重连从东南来，与铜马余众合，光武复与大战于蒲阳㊿，悉破降之，封其渠帅为列侯。降者犹不自安，光武知其意，敕令各归营勒兵，乃自乘轻骑，按行部陈。降者更相语曰："萧王推赤心置人腹中，安得不投死乎[51]！"由是皆服。悉将降人分配诸将，众遂数十万，故关西号光武为"铜马帝"。赤眉别帅与大肜、青犊十万余众在射犬[52]，光武进击，大破之，众皆散走。使吴汉、岑彭袭杀谢躬于鄴[53]。青犊、赤眉贼入函谷关[54]，攻更始。光武乃遣邓禹率六裨将引兵而西[55]，以乘更始、赤眉之乱。时更始使大司马朱鲔[56]、舞阴[57]王李轶等屯洛阳，光武亦令冯异守孟津以拒之[58]。

---

①蓟：汉县名，属涿郡，地在今天津。 ②檄：以木简为书，长尺二寸，用以征召。 ③广阳：汉郡，又改为国，今为北京房山所辖地。王，名嘉，武帝五世孙。 ④趣：读如"促"。急也。 ⑤饶阳：县名，今属河北。 ⑥传舍：客馆。 ⑦呼沱河：亦作滹沱河，源出山西繁峙县东之泰戏山，入河北，经深泽县东南，其地即光武度处。 ⑧下博：汉县，故城在河北深县，在博水下，故称。 ⑨信都郡：汉郡，改广川国置。郡治故城在冀州市东北。长安：汉都。为长安守，犹言

为汉守也，时诸郡国皆降郎，独信都太守任光以精兵四千据守。⑩任光：字伯卿，为中兴功臣之一。 ⑪光武既入信都，以兵力虚弱，欲南就他兵，任光以为不可，说发旁县奔命略取他地，如有不服，恣其虏掠，光武从之，因击下诸城。堂阳、贳县：皆汉县，属巨鹿郡。 ⑫和成：郡名，王莽分巨鹿郡为之，居下曲阳。卒正：莽所置官，职如太守。邳彤：字伟君，亦中兴功臣之一。 ⑬昌城：汉县，在今河北丰南。刘植：字伯先，中兴功臣之一。 ⑭宋子：汉县，属巨鹿。耿纯：字伯山，亦中兴功臣之一。 ⑮下曲阳：汉县，北齐废，故城在今河北晋州。⑯中山：汉国，地在今河北，与战国时之中山国有别。 ⑰卢奴：汉县，即其时中山国治，今为河北定州治。 ⑱汉时郡国皆有材官骑士，若有急难，则权取其骁勇者闻命奔赴，谓之奔命兵，参阅后建武七年中注。 ⑲新市：汉县，属巨鹿郡。元氏：县名，今属河北。房子：汉县，故城在今河北高邑县。"防"与"房"古字通用。 ⑳柏人：汉县，治今河北隆尧县。 ㉑朱浮：字叔元。邓禹：字仲华，中兴功臣之一。 ㉒时攻柏人不下，议者谓与其守柏人，不如定巨鹿，光武乃引兵东北行，拔广阿。广阿为汉县，其时即属巨鹿，故城在今河北隆尧县东。㉓上谷：见《马援传》注。耿况：中兴功臣耿弇之父，字侠游。㉔渔阳：秦郡，地在今河北省。彭宠：字伯通。 ㉕吴汉：字子颜。寇恂：字子翼。二人皆为中兴名将。 ㉖突骑：能冲突军阵之锐兵；渔阳、上谷之突骑，当时甚有名。 ㉗尚书仆射：见后《郑玄传》注。谢躬：字子张，南阳人。 ㉘南栾：汉县，今河北巨鹿县治。 ㉙光武围巨鹿不下，耿纯说光武，不如以大兵径攻邯郸，王郎破，巨鹿不攻自下，光武然之，遂留别将守巨鹿，自引兵进攻邯郸，郎数出战不利，而郎果亡灭。㉚既诛王郎，河北乃定，光武始有土。㉛交关：串通，勾结。㉜反侧子：心意未安之人。㉝侍御史名黄党。㉞萧：秦县，故城在今安徽萧县西北，明时徙今治。㉟行在所：见后《马援传》注。时更始已自洛阳徙都长安，光武平河北，威名日盛，更始忌之，故立为王，令罢兵归京。㊱梁：梁郡，治睢阳，今河南商丘。刘永：前汉文帝子梁孝王八世孙，更始封为梁王，都睢阳，更始政乱，遂据国起兵。擅：专也。睢阳：秦县，属梁郡，故城在今河南商丘市南。㊲公孙述：见《马援传》注。蜀有巴郡，故总称巴蜀。㊳李宪：颍川许昌人，王莽以为偏将军。莽败，据郡自守。更始元年，自称淮南王。淮南：汉郡，地在今安徽。㊴秦丰：黎丘之乡人。黎丘故城在今湖北宜城北，地在楚，故丰称楚黎王。㊵张步：字文公，琅邪人。琅邪：秦郡，在今山东。㊶董宪：东海人。东海：汉郡，今江苏山东皆有地属之。㊷延岑：字叔牙，南阳人，始与秦丰合，丰败，降公孙述。汉中：秦郡，今陕西湖北皆有地属之。㊸田戎：汝南人，始起亦合于秦丰，后亦降公孙述。夷陵：县名，属南郡，故城在今湖北宜昌市西北。㊹诸贼或以山川土地为名，或以军容强盛为号。㊺苗曾之幽州牧，更始于光武定河北后所除，至是不听吴汉征调，汉将二十骑驰至，曾以其人少出迎，汉即挥兵收斩之，夺其军，北州震骇，莫不受命，汉遂悉发其兵，引而南，与光武会清阳。㊻鄡（qiāo）：汉县，故城在今河北辛集市。㊼清阳：汉县，故城在今河北清河县西北。　⑱卤：与“虏”同。　⑲馆陶：县名，今属山东省。　⑳蒲阳：山名，在今河北省；或作满阳。　㉑投死：犹效死。　㉒射犬：聚名，在今河南沁阳东北。　㉓岑彭：字君然，中兴功臣之一。邺：汉县，在今河南临漳县境。更始使谢躬将兵至河北，与光武共平王郎，其裨将恣行虏掠，不相禀承，光武忌之，然常以语慰安，故躬不疑，已而躬率兵数万还屯于邺，光武南击青犊于射犬，语躬，青犊贼破，尤来必惊走，乘势击之，必可成禽，及青犊破，尤来果北走，躬乃自将追之，反为所败，光武知躬已离邺，遂遣吴汉岑彭袭得其城，躬不知，率兵还，为汉等所击杀。　㉔函谷为谷名，因谷以名关，故称函谷关，在今河南新安县东北，为汉关，去秦之函谷关三百里。　㉕六裨将：即冯愔、樊崇、宗歆、邓寻、耿䜣、左于。西：西行自今山西进窥关中。　㉖朱鲔：参阅《齐武王縯传》及注。　㉗舞阴：汉县，故城在今河南泌阳市。
㉘冯异：字公孙，中兴功臣之一。孟津：津名，在今河南孟津县南，今曰河阳渡。

建武元年春正月，平陵人方望立前孺子刘婴为天子①，更始遣丞相李松击斩之②。光武北击尤来、大抢、五幡于元氏，追至（右）北平③，连破之。又战于顺水④北，乘胜轻进，反为所败。贼追急，短兵⑤接，光武自投高岸⑥，遇突骑王丰，下马授光武，光武抚其肩而上，顾笑谓耿弇曰：“几为虏嗤！”弇频射却贼，得免。士卒死者数千人，散兵归保范阳⑦。军中不见光武，或云已殁，诸将不知所为。吴汉曰："卿曹努力！王兄子[8]在南阳，何忧无主？"众恐惧，数日乃定。贼虽战胜，而素慑大威，客主不相知，夜遂引去。大军复进至安次[9]，与战，破之，斩首三千余级。贼入渔阳，乃遣吴汉率耿弇、陈俊、马武等十二将军[10]追战于潞东[11]，及平谷[12]，大破灭之。朱鲔遣讨难将军苏茂攻温[13]，冯异、寇恂与战，大破之，斩其将贾强[14]。

于是诸将议上尊号[15]。马武[16]先进曰："天下无主，如有圣人承敝而起，虽仲尼为相，孙子[17]为将，犹恐无能有益。反水不收，后悔无及。大王虽执谦退，奈宗庙社稷何！宜且还蓟，即尊位，乃议征伐。今此谁贼而驰骛击之乎[18]？"光武惊曰："何将军出是言？可斩也！"武曰："诸将尽然。"光武使出晓之，乃引军还至蓟。

夏四月……光武从蓟还，过范阳，命收葬吏士。至中山，诸将复上奏曰："汉遭王莽，宗庙废绝，豪杰愤怒，兆人涂炭[19]。王与伯升首举义兵，更始因其资以据帝位，而不能奉承大统，败乱纲纪，盗贼日多，群生危蹙。大王初征昆阳，王莽自溃；后拔邯郸，北州弭定；三分天下而有其二，跨州据土，带甲百万。言武力则莫之敢抗，论文德则无所与辞。臣闻帝王不可以久旷，天命不可以谦拒，惟大王以社稷为计，万姓为心！"光武又不听。

行到南平棘[20]，诸将复固请之。光武曰："寇贼未平，四面受敌，何遽欲正号位乎？诸将且出。"耿纯进曰："天下士大夫捐亲戚，弃土壤，从大王于矢石之间者，其计固望其攀龙鳞，附凤翼，以成其所志耳。今功业即定，天人亦应，而大王留时逆众，不正号位，纯恐士大夫望绝计穷，则有去归之思，无为久自苦也。大众一散，难可复合。时不可留，众不可逆！”纯言甚诚切，光武深感，曰：“吾将思之。”

行至鄗[21]，光武先在长安时同舍生强华[22]自关中奉赤伏符[23]，曰：“刘秀发兵捕不道，四夷云集龙斗野，四七之际火为主[24]。”群臣因复奏曰：“受命之符，人应为大，万里合信，不议同情，周之白鱼，曷足比焉[25]！今上无天子，海内淆乱，符瑞之应，昭然著闻，宜答天神，以塞群望！”光武于是命有司设坛场于鄗南千秋亭五成陌[26]。

六月己未，即皇帝位。燔燎告天[27]，禋于六宗[28]，望于群神[29]。其祝文曰：“皇天上帝，后土神祇[30]，眷顾[31]降命，属秀黎元，为人[32]父母，秀不敢当。群下百辟[33]，不谋同辞，咸曰：‘王莽篡位，秀发愤兴兵，破王寻、王邑于昆阳，诛王郎、铜马于河北，平定天下，海内蒙恩。上当天地之心，下为元元[34]所归。’谶记曰：‘刘秀发兵捕不道，卯金[35]修德为天子。’秀犹固辞，至于再，至于三。群下佥曰：‘皇天大命，不可稽留。’敢不敬承！”于是建元为建武，大赦天下，改鄗为高邑。

……秋七月辛未，拜前将军邓禹为大司徒。丁丑，以野王令王梁为大司空[36]。壬午，以大将军吴汉为大司马，偏将军景丹[37]为骠骑大将军，大将军耿弇为建威大将军[38]，偏将军盖延[39]为虎牙大将军，偏将军朱祐为建义大将军[40]，中坚将军杜茂[41]为大将军。时宗室刘茂自号“厌新将军”[42]，率众降，封为中山王……使吴汉率朱祐及廷尉岑彭、执金吾贾复、扬化将军坚镡等十一将军围朱鲔于洛阳[43]……九月，赤眉入长安，更始奔高陵[44]。辛未，诏曰：“更始破败，弃城逃走，妻子裸袒，流宂[45]道路，朕甚愍之。今封更始为淮阳王[46]，吏人敢有贼害者，罪同大逆”……辛卯，朱鲔举城降[47]。冬十月癸丑，车驾入洛阳，幸南宫却非殿[48]，遂定都焉……十二月……赤眉杀更始[49]。

---

①平陵：汉县，本前汉昭帝陵，因以为县，故城在今陕西咸阳市西北。方望颇知天文，以为更始必败，而孺子婴本嗣立前汉平帝，为王莽所废，依统当立，故立为天子。 ②李松：李通堂弟。此时奉汉宗室以为号召者，惟婴得其正，而更始为光武驱除之。 ③北平：汉县，属中山国。 ④顺水：为徐水之别名，即今河北满城县北漕河。 ⑤短兵：谓刀剑。 ⑥岸高，不得上，自投于马下。 ⑦范阳：秦县，即今河北定兴县。⑧兄子：谓伯升之子刘章及刘兴。 ⑨安次：汉县，故城在今之河北廊坊安次区东北。 ⑩案范书《耿弇传》，除吴汉外，为耿弇及景丹、盖延、朱祐、邳彤、耿纯、刘植、岑彭、祭遵、坚镡、王霸、陈俊、马武，计十三将军。 ⑪潞东：潞县之东。潞：汉县，属渔阳郡。 ⑫平谷：县名，今属北京。 ⑬讨难将军：将军而有讨难之名号者。苏茂：陈留人，以此职仕更

始。温：县名，今属河南省。更始将朱鲔，时方以兵据洛阳，闻光武北击尤来等贼，河内势孤，遂遣苏茂及副将贾强将兵三万余人入攻温。 ⑭光武北征，以寇恂为河内太守，留守以备朱鲔，温既告警，恂即勒兵驰往，而冯异兵及诸县兵亦至，遂击破苏茂兵，追至洛阳，斩贾强，自是洛阳震恐，城门昼闭。 ⑮更始诛孺子婴，光武破灭尤来、大抢等贼，寇恂败洛阳兵，皆为光武称尊之张本。 ⑯马武：字子张，中兴功臣之一。 ⑰孙子：名武，春秋时吴王阖闾将，善用兵。 ⑱谁贼：言名号未定，人之向背不明，果宜以谁为贼也。直骋曰驰，乱驰曰惊。 ⑲兆人：犹兆民涂炭，言若陷泥坠火。 ⑳南平棘：汉县，故城在今河北赵县。 ㉑鄗（hào）：汉县，在今河北柏乡县。 ㉒强华：颍川人。 ㉓赤伏符：谶文。 ㉔四七：自高祖至光武初起，合二百二十八年，是为四七之际。汉火德，故曰火为主。 ㉕武王伐纣，度孟津，中流，有白鱼跃入舟中，长三尺，赤文有字，告以伐纣之意。 ㉖筑土为坛，除地为场。秦法，十里一亭。南北为阡，东西为陌。 ㉗燔（fán）燎：焚柴也，天高不可达，故以烟上通。 ㉘禋（yīn）：祭名。生烟祭天以求福。六宗：神名，六子之气，水火雷风山泽，安帝即位，改为天地四方之宗。 ㉙望：祭名。山林川谷能兴致云雨者皆为神，不可遍至，故望而祭之。 ㉚祇（qí）：地神。 ㉛眷顾：犹向视。 ㉜人：即民也。 ㉝百辟：畿内诸侯。 ㉞元元：黎庶。 ㉟卯金：即刘字。 ㊱野王：汉县，今河南沁阳县。王梁：字君岩，亦在中兴功臣之列。光武即位，议选大司空，以赤伏符有云："王梁主卫作玄武。"野王：卫曾徙都，玄武为水神名，司空为水土官，故从县令超拜之，居位仅八月而免。　㊲景丹：字孙卿，中兴功臣之一。　㊳建威大将军：大将军之加建威名号者。　㊴盖延：字巨卿，中兴功臣之一。　㊵朱祐：字仲先，中兴功臣之一；“祐”，一作“祜”，又以避安帝讳，作“福”。建义大将军：大将军之加建义名号者。　㊶中坚将军：将军之加中坚名号者。杜茂：字诸公，中兴功臣之一。㊷王莽号新室，言欲厌胜之，故号“厌新将军”。　㊸廷尉：秦官，听狱必质于朝廷，与众共之。尉：平也，故称。执金吾：前汉武帝改秦官中尉之名。吾：御也，掌执兵革以御非常。贾复：字君文，中兴功臣之一。扬化将军：将军之加扬化名号者。坚镡（qín）：字子伋，中兴功臣之一。　㊹高陵：县名，汉为左冯翊治，今属陕西省。　㊺冗：散。　㊻淮阳：汉郡，故城在今河南淮阳县西。　㊼吴汉等围洛阳，数月不下，光武以岑彭曾为朱鲔校尉，使说降之，鲔以尝与杀伯升之谋，初不敢，光武许赦其罪，乃降，后世以功名仕汉。　㊽南宫：洛阳宫名，与北宫为对待。却非殿：殿名。　㊾更始奔高陵，赤眉下书令降，更始从之，旋被缢死。

二年春正月……大司马吴汉率九将军①击檀乡贼于邺东，大破降之。庚辰，封功臣皆为列侯，大国四县，余各有差。下诏曰：“人情得足，苦于放纵，快须臾之欲，忘慎罚②之义。惟诸将业远功大，诚欲传于无穷，宜如临深渊，如履薄冰，战战栗栗，日慎一日。其显效未酬，名籍未立者③，大鸿胪④趣上，朕将差而录之。”博士丁恭⑤议曰：

"古帝王封诸侯不过百里⑥，故利以建侯，取法于雷⑦，强干弱枝⑧，所以为治也。今封诸侯四县，不合法制。"帝曰："古之亡国，皆以无道，未尝闻功臣地多而灭亡者。"乃遣谒者即授印绶⑨，策曰："在上不骄，高而不危；制节谨度，满而不溢。敬之戒之！传尔子孙，长为汉藩⑩！"……壬子，起高庙⑪，建社稷⑫于洛阳，立郊兆⑬于城南，始正火德，色尚赤⑭。

是月，赤眉焚西京宫室，发掘园陵，寇掠关中⑮。大司徒邓禹入长安，遣府掾奉十一帝神主⑯，纳于高庙……三月……遣虎牙大将军盖延率四将军⑰伐刘永……六月戊戌，立贵人郭氏为皇后⑱，子强为皇太子⑲，大赦天下。增郎⑳、谒者、从官秩各一等……秋八月，帝自将征五校。丙辰，幸内黄㉑，大破五校于羛阳㉒，降之……九月壬戌，至自内黄……冬十一月……遣偏将军冯异代邓禹伐赤眉。使太中大夫伏隆㉓持节安辑青、徐二州，招张步降之……是岁，盖延等大破刘永于沛㉔西……

---

①九将军：即王梁、朱祐、杜茂、贾复、坚镡、王霸、刘隆、马武、阴识。　②慎罚：谨慎处理刑罚之事。　③汉时，凡有功之臣，皆立籍记名，以示别于凡庶。　④大鸿胪：掌诸王入朝，及封拜诸侯，参阅《马援传》"九卿"注。　⑤博士：秦官，掌通古今。前汉武帝又置"五经博士"，以《五经》教子弟，参阅《胡广传》注。丁恭：字子然，有大儒名，在光武

左右，每事咨询。　⑥周封诸侯，同姓五十，地不过百里。⑦《易·屯卦》："利建侯。"又《震卦》："震惊百里。"故封诸侯地方百里，以法乎雷。　⑧强干弱枝：尊天子卑诸侯。⑨谒者：秦官，掌宾赞受事，即为天子传达。秩比六百石。　⑩藩：屏也，言建诸侯所以为国之藩蔽。　⑪光武于洛阳起高庙一，高祖以下至平帝十一帝王皆藏于其中。　⑫社稷在宗庙之右，皆方五丈之坛，四面及中，各依方色，无屋，仅门墙而已。　⑬兆：为坛之茔域，立坛于郊，以祭群神。　⑭前汉以秦为水德，汉之德连当为土，及光武即位，案图谶，推五运，汉实为水德，乃徽帜尚赤以正之。　⑮赤眉贪财物，常大掠，长安城中粮食尽，遂收载珍宝，大纵火烧宫室，引兵而西，寻复还，发掘诸陵，取其宝货。园：谓茔域。陵：谓山坟。　⑯府掾：司徒府之掾属。十一帝：高祖及惠、文、景、武、昭、宣、元、成、哀、平十帝也。神主：古代为已死的君王、诸侯作的牌位，用木或石制成。　⑰四将军：马武、刘隆、马成、王霸。　⑱贵人：见《马后纪》注。郭后：名圣通，真定人，真定王刘扬之甥。扬，景帝七世孙。王郎起，扬举兵附之，光武遣人说降，因纳后以示相结；后扬又有异志，被诛。　⑲强：郭后所生。⑳郎：郎官，掌守门户，出充车骑，秩六百石以下。　㉑内黄：县名，今属河南省。　㉒蒹（xī）阳：在今河南内黄县。㉓伏隆：字伯文，以节操名。　㉔沛：秦县，故城在江苏沛县东。

三年春正月……大司徒邓禹及冯异与赤眉战于回溪①，

禹、异败绩……闰月乙巳，大司徒邓禹免。冯异与赤眉战于崤底②，大破之，余众南向宜阳③，帝自将征之。己亥，幸宜阳。甲辰，亲勒六军，大陈戎马，大司马吴汉精卒当前，中军次之，骁骑、武卫分陈左右。赤眉望见震怖，遣使乞降。丙午，赤眉君臣面缚④，奉高皇帝玺绶⑤，诏以属城门校尉⑥。戊申，至自宜阳。己酉，诏曰："群盗纵横，贼害元元，盆子窃尊号，乱惑天下。朕奋兵讨击，应时崩解，十余万众束手降服，先帝玺绶归之王府。斯皆祖宗之灵，士人⑦之力，朕曷足以享⑧斯哉！其择吉日祠高庙，赐天下长子当为父后者爵，人一级。"

二月己未，祠高庙，受传国玺。

刘永立董宪为海西王⑨，张步为齐王。步杀光禄大夫⑩伏隆而反……夏四月，大破邓奉于小长安，斩之。冯异与延岑战于上林⑪，破之……虎牙大将军盖延围刘永于睢阳……六月……耿弇与延岑战于穰⑫，大破之。秋七月，征南大将军⑬岑彭率三将军⑭伐秦丰，战于黎丘，大破之，获其将蔡宏……盖延拔睢阳，获刘永，而苏茂、周建立永子纡为梁王……

---

①回溪：溪名，亦曰回阬，长四里，阔二丈五尺，即东崤山阪，在河南洛宁县北。　②崤底：崤阪，在今洛宁县西北。③余众：赤眉败余之众。宜阳：县名，今属河南。　④君：刘盆子。建武元年六月，赤眉选立宗室，立为天子。面：不正向前；面缚：谓后绞而缚之。　⑤高皇帝玺绶：即传国玺。玺为

始皇所刻。玉螭虎纽，李斯书玺文曰："受命于天，既寿永昌。"高祖入咸阳，子婴献之。王莽篡位，就元后求玺，后被逼，投之于地，玺上螭一角缺。莽败，李松持诣宛，上更始。更始败，玺归赤眉。至是盆子以奉光武。　⑥城门校尉：掌京师城门屯兵，秩比二千石。　⑦士人：犹士民。　⑧享：当也。　⑨海西：汉县，故城在今江苏东海县南。　⑩秦郎中令属官有中大夫，汉武帝更名为光禄大夫，备顾问。　⑪上林：即上林苑，见《马援传》注。　⑫穰（rǎng）：汉县，明省入邓州，今属河南邓州。　⑬征南大将军：大将军而加征南名号者。　⑭三将军：傅俊、臧宫、刘宏。

四年……七月丁亥，幸谯。遣捕虏将军①马武、偏将军王霸②围刘纡于垂惠③……秋八月……遣扬武将军马成④率三将军⑤伐李宪。九月，围宪于舒⑥。冬……十一月，遣建义大将军朱祐率二将军⑦围秦丰于黎丘……

---

①捕虏将军：将军而加捕虏名号者。　②王霸：字元伯，中兴功臣之一。　③垂惠：聚名，在今安徽蒙城县西北。　④扬武将军：将军而加扬武名号者。马成：字君迁，中兴功臣之一。　⑤三将军：刘隆、宋登、王赏也。　⑥舒：汉县，故城在今安徽庐江县西。　⑦二将军：侯进、耿植也。

五年春……二月……捕虏将军马武、偏将军王霸拔垂惠……

大司马吴汉率建威大将军①耿弇击富平、获索贼于平原②，大破降之。复遣耿弇率二将军③讨张步。三月……平狄将军庞萌反，杀楚郡太守孙萌而东附董宪④。遣征南大将军岑彭率二将军伐田戎于津乡，大破之⑤。夏……六月，建义大将军朱祐拔黎丘，获秦丰。而庞萌、苏茂围桃城⑥。帝时幸蒙⑦，因自将征之。先理兵任城⑧，乃进救桃城，大破萌等。秋七月……进幸湖陵⑨，征董宪。又幸蕃⑩，遂攻董宪于昌虑⑪，大破之。八月己酉，进幸郯⑫，留吴汉攻刘纡、董宪等，车驾转徇彭城、下邳⑬。吴汉拔郯，获刘纡。汉进围董宪、庞萌于朐⑭。冬十月，还，幸鲁，使大司空⑮祠孔子。耿弇等与张步战于临淄⑯，大破之。帝幸临淄，进幸剧⑰。张步斩苏茂以降⑱，齐地平。初起太学⑲，车驾还宫，幸太学，赐博士弟子⑳各有差……十二月……西州大将军隗嚣遣子恂入侍㉑……

---

①建威大将军：大将军而加建威名号者。　②平原：汉郡，地在今山东。　③二将军：指刘歆、陈俊。　④平狄将军：将军而加平狄名号者。庞萌：山阳人。初在下江兵中，后仕更始，将兵属谢躬，同讨王郎。躬败，萌降光武，为人逊顺，光武信爱之，拜为平狄将军，与盖延共击董宪。会诏书独下延而不及萌，萌疑延谮己，遂反，袭破延军，引兵与董宪连和，自号东平王。光武闻之，大怒，自将兵以讨之。楚郡：秦灭楚所置郡，当时兼有淮南之地。　⑤二将军：一为傅俊，其一未详。津乡：

地名，今湖北江陵县有津乡城。田戎既败，遂与数十骑亡蜀附公孙述。　⑥桃：聚名，故城在今山东济宁市北。　⑦蒙：秦县，故城在河南商丘市东北。　⑧理：本作“治”，唐避高宗讳，作“理”。任城：即今山东济宁。　⑨湖陵：汉县，又名湖陆，故城在今山东鱼台县东。　⑩蕃：汉县，故城在今山东滕州。　⑪昌虑：汉县，故城在今山东滕州东南。　⑫郯（tán）：汉县，即今山东郯城县。　⑬彭城：秦县，今为江苏铜山县治。下邳：秦县，故城在今江苏邳州东。　⑭朐（qú）：汉县，故城在今江苏东海县南。　⑮时大司空为宋弘。　⑯临淄：县名，今属山东。　⑰剧：汉县，故城在今山东寿光市南。　⑱步败于临淄，苏茂将万余人来救之，光武乃使告步、茂，能相斩降者封列侯，步遂斩茂以降。　⑲东汉起太学于洛阳，去宫八里，讲堂长十丈，广三丈。参阅《郑玄传》“太学”注。　⑳前汉武学设博士官，置弟子五十人，令郡国举送，是为博士弟子，参阅前“博士”注。　㉑西州、隗嚣：皆见《马援传》注。嚣遣子恂入侍事，见《马援传》。

六年春正月丙辰，改春陵乡为章陵县。世世复徭役，比丰、沛①，无有所豫。辛酉，诏曰：“往岁水旱蝗虫为灾②，谷价腾跃，人③用困乏。朕惟百姓无以自赡④，恻然愍之。其命郡国有谷者给禀⑤高年、鳏、寡、孤、独及笃癃⑥、无家属贫不能自存者，如律⑦。二千石⑧勉加循抚，无令失职⑨。”　扬武将军马成等拔舒，获李宪。二月，大司马吴汉拔朐，获董宪、庞萌，山东悉平。诸将还京师，置酒赏赐……夏四月丙子，幸长安，始谒高庙，遂有事十一陵⑩。遣虎牙大将军盖延等七将军⑪从陇道伐公孙述。五月己未，至自长安。隗嚣反，盖延等因与嚣战于陇阺⑫，诸将败绩。辛丑，诏曰："惟天水、陇西、安定、北地⑬吏人为隗嚣所诖误⑭者，又三辅遭难赤眉，有犯法不道者⑮，自殊死⑯以下，皆赦除之。" 六月辛卯，诏曰："夫张官置吏，所以为人也。今百姓遭难，户口耗少，而县官吏职所置尚繁，其令司隶⑰、州牧各实所部⑱，省减吏员。县国不足置长吏可并合者，上⑲大司徒、大司空二府。"于是条奏并省四百余县，吏职减损，十置其一……冬……十二月……癸巳，诏曰："顷者师旅未解，用度不足，故行什一之税⑳。今军士屯田，粮储差积，其令郡国收见田租，三十税一，如旧制㉑。"……

---

①丰：秦为邑，汉以后改县，今属江苏沛县，秦为县，见前。汉高祖为沛之丰邑人，高祖得天下，遂复二地世世之徭役。②建武五年夏间曾旱蝗。③人：即民。④惟：思。赡：给。⑤禀：赐谷。⑥笃：困。癃：疲病。⑦律：汉律，今亡。⑧汉时，内自九卿郎将，外至郡守尉，皆秩二千石，此指外官言。⑨职：常。⑩有事：谓祭祀。十一陵：高祖长陵，惠帝安陵，文帝霸陵，景帝阳陵，武普茂陵，昭帝平陵，宣帝杜陵，元帝渭陵，成帝延陵，哀帝义陵，平帝康陵。⑪七将军：未详。⑫陇阺：陇山，其坂九回，不知其高度，欲上者

七日乃得达，在今陕西陇县。⑬天水：汉郡，在今甘肃通渭县西南。陇西：秦置郡，地在今甘肃。安定：汉郡，地在今甘肃。北地：汉郡，地在今甘肃。⑭诖（guà）：误也。⑮不道：刑律名。杀不辜一家三人为不道。⑯殊：绝也；殊死：斩首之刑。⑰司隶：即司隶校尉，见前。⑱王莽篡位，继以更始、赤眉之乱，边邑萧条，海内人民十有二存，或空置太守令长，故光武令司隶州牧各实所部，为裁省郡国张本。⑲上：上言之也。⑳什一之税：十分而税其一也。㉑前汉景帝时，令人田租三十税一，今依景帝时制，故云如旧制。

七年春正月丙申，诏中都官①、三辅、郡、国出系囚，非犯殊死，皆一切勿案其罪。见徒②免为庶人。耐罪亡命，吏以文除之③。又诏曰："世以厚葬为德，薄终为鄙，至于富者奢僭，贫者单④财，法令不能禁，礼义不能止，仓卒乃知其咎⑤。其布告天下，令知忠臣、孝子、慈兄、悌弟薄葬送终之义。"……三月丁酉，诏曰："今国有众军，并多精勇，宜且罢轻车、骑士、材官、楼船士及军假吏⑥，令还复民伍。"……

---

①中都官：谓京师诸官府。②见徒：犯罪现在为徒者。③耐：读若"能"；耐罪：其罪轻，不至于髡，但剃其颊毛，故曰耐。耐，古本作"耏"，从彡，发肤之意。命：名也，脱名籍而逃匿者为亡命。以文除之，谓犯耐罪而逃者，即削除其名籍（记

罪人名之簿籍）不追究。　④单：同“殚”，尽也。　⑤谓丧乱仓卒之间，厚葬者皆被人发掘，至是乃知厚葬之不善也。⑥高祖令天下郡国选有材力者，以为轻车、骑士、材官、楼船士，平地用车骑，山阻用材官，水泉用楼船，常以立秋后讲肄课试，各有员数。军假吏：谓军中权置之吏。光武初起，本借此辈之力，天下既定，恐将来反侧者复因以为资，故悉罢之，不知此制一罢，兵农即分，遂贻后世以养军之患矣。

八年春正月，中郎将来歙袭略阳①，杀隗嚣守将②而据其城。夏四月……隗嚣攻来歙，不能下。闰月，帝自征嚣，河西大将军窦融率五郡太守与车驾会高平③。陇右溃，隗嚣奔西城④，遣大司马吴汉、征南大将军岑彭围之。进幸上邽⑤，不降，命虎牙大将军盖延、建威大将军耿弇攻之。颍川盗贼寇没属县，河东守守兵亦叛，京师骚动。秋……八月，帝自上邽晨夜东驰。九月乙卯，车驾还宫。庚申，帝自征颍川盗贼，皆降……戊寅，至自颍川。冬……十一月乙丑……公孙述遣兵救隗嚣，吴汉、盖延等还军长安。天水、陇西复反归嚣……

---

①中郎将：见《马后纪》“虎贲中郎将”注。来歙：中兴功臣之一，参阅《马援传》注。略阳：汉略阳道也，在天水郡东。②守将：名金梁。　③河西：泛指黄河以西之地。窦融：字周公，先据河西，后附汉。五郡：武威、酒泉、张掖、敦煌、金城

也。高平：汉县，治今宁夏固原。　④西城：汉县，故城在今陕西安康市之西北。　⑤上邽（guī）：汉县，故城在今甘肃天水市西南。

九年春正月，隗嚣病死，其将王元、周宗复立嚣子纯为王……三月……公孙述遣将田戎、任满据荆门①……秋八月，遣中郎将来歙监征西大将军冯异等五将军讨隗纯于天水②……

---

①荆门：山名，在今湖北宜都县西北，在江南岸，与北岸之虎牙山相对，上合下开，其状如门。　②冯异于建武三年从偏将军拜征西大将军。五将军：耿弇、盖延、马成、刘尚及冯异。

十年……冬十月，中郎将来歙等大破隗纯于落门①，其将王元奔蜀，纯与周宗降，陇右平……

---

①落门：聚名，在今甘肃甘谷县西。

十一年春二月己卯，诏曰："天地之性人为贵。其杀奴婢，不得减罪。"……闰月，征南大将军岑彭率三将军①与公孙述将田戎、任满战于荆门，大破之，获任满。威虏将军冯骏围田戎于江州②。岑彭遂率舟师伐公孙述，平巴郡③。……六月，中郎将来歙率扬武将军马成破公孙述将王元、环安于下辩[④]。安遣间人[⑤]刺杀中郎将来歙。帝自将征公孙述。秋七月，次长安。八月，岑彭破公孙述将侯丹于黄石[⑥]。辅威将军臧宫[⑦]与公孙述将延岑战于沈水[⑧]，大破之。王元降。至自长安……冬十月……公孙述遣间人刺杀征南大将军岑彭……十二月，大司马吴汉率舟师伐公孙述。……

---

①三将军：刘隆、臧宫、刘歆。　②威虏将军：将军而加以威虏名号者。江州：汉县，故城在今重庆。　③巴郡：秦郡，地在今四川。　④下辩：汉县，故城在今四川剑阁县。⑤间人：伺机间隙之人。　⑥黄石：滩名，在今四川彭水县。⑦辅威将军：将军而加辅威名号者。臧宫：字君翁，中兴功臣之一。　⑧沈水：水名，在今四川射洪县东南；本或作沉水及沅水，皆非。

十二年……秋七月，威虏将军冯峻[①]拔江州，获田戎。九月，吴汉大破公孙述将谢丰于广都[②]，斩之。辅威将军臧宫拔涪城[③]，斩公孙恢[④]……冬十一月戊寅，吴汉、臧宫与公孙述战于成都[⑤]，大破之。述被创，夜死[⑥]。辛巳，吴汉屠成都，夷述宗族及延岑等[⑦]……十二月……遣骠骑大将军杜茂将众郡施刑屯北边[⑧]，筑亭候[⑨]，修烽燧[⑩]。

---

①峻：前作“骏”。　②广都：汉县，故城在今四川双流县东南。　③涪城：今四川绵阳市东。　④公孙恢：公孙述

之弟。　⑤成都：秦县，明清为四川省治，今成都市。　⑥公孙述自将兵出城大战，汉护军高午奔阵刺之，洞其胸，堕马，左右舆入城，夜死。　⑦夷：灭。汉尽灭公孙氏及延岑等诸将二十余人，又放兵大掠，焚述宫室，光武闻而怒责之。　⑧施刑：一作“驰刑”，见《马援传》注。陇蜀既平，始修边备。⑨秦法，十里一亭，亭有长，为伺候望敌之所，故曰亭候。⑩边方作高土台，台上作桔槔，桔槔头有兜零（笼也），置薪草其中，常低之，有寇，即燃火举起以相告，曰烽，又多积薪，寇至则燔之，望其烟曰燧，昼燔燧，夜举烽。

十三年春正月……戊子，诏曰：“往年已敕郡国，异味不得有所献御，今犹未止，非徒有豫养导择①之劳，至乃烦扰道上，疲费过所②。其令太官③勿复受。明敕下以远方口实④所以荐宗庙，自如旧制。”……　夏四月，大司马吴汉自蜀还京师，于是大飨将士，班劳策勋⑤。功臣增邑更封，凡三百六十五人。其外戚恩泽封者⑥四十五人。罢左右将军官⑦……益州传送公孙述瞽师、郊庙乐器、葆车、舆辇，于是法物始备⑧。时兵革既息，天下少事，文书调⑨役，务从简寡，至乃十存一焉……

---

①豫养：谓未至献时，豫前养之。导：亦“择”也。　②过所：过关津之凭照。　③太官：官名，秩六百石，掌御膳饮食。　④口实：膳馐之事。　⑤班：布也。班劳：谓遍布劳

来之。策勋：其有功者以策书纪其勋。　⑥恩泽封：谓推恩而封，非以功受爵。　⑦左右将军：周官，至是罢之。　⑧益州：汉置，辖境相当今成都市及周围地区。瞽师，乐师，取其无所见，于音声审也。郊庙乐器：钟磬之属。葆车：谓上建羽葆之车。葆：合聚五采羽之名。舆：车之总名。辇：驾人以行之车。法物：即指乐器、葆车、舆辇之属，中兴草创，今始得具备。⑨调：发也。

十四年春正月，起南宫前殿①……

---

①天下大定，始营宫室。

十五年春……初，巴蜀既平，大司马吴汉上书请封皇子，不许，重奏连岁。三月，乃诏群臣议。大司空融、固始侯通、胶东侯复、高密侯禹、太常登等①奏议曰：“古者封建诸侯，以籓屏京师。周封八百②，同姓诸姬并为建国，夹辅王室，尊事天子，享国永长，为后世法。故《诗》云：‘大启尔宇，为周室辅。’③高祖圣德，光有天下，亦务亲亲，封立兄弟诸子，不违旧章。陛下德横天地，兴复宗统，褒德赏勋，亲睦九族④，功臣宗室，咸蒙封爵，多受广地，或连属县。今皇子赖天，能胜衣趋拜⑤，陛下恭谦克让，抑而未议，群臣百姓，莫不失望。宜因盛夏吉时，定号位，以广藩辅⑥，明亲亲，尊宗庙，重社稷，应古合旧，厌塞众心。臣请大司空上舆地图⑦，太常择吉日，具礼仪。”制曰：“可。”夏四月戊申，以太牢⑧告祠宗庙。丁巳，使大司空融告庙，封皇子辅为右翊公⑨，英为楚公⑩，阳为东海公⑪，康为济南公，苍为东平公⑬，延为淮阳公⑭，荆为山阳公⑮，衡为临淮公⑯，焉为左翊公⑰，京为琅邪公⑱……

---

①融：宝融。固始：前汉置县，后汉改名，即今安徽临泉县。通：李通。复：贾复，封胶东侯，参阅《吴祐传》注。高密：县名，今属山东。禹：指邓禹。太常：见前。登：未详。②周代封建诸侯凡八百。③《诗经·鲁颂·閟宫》篇语。周成王封周公子伯禽于鲁，言“大开尔居，以为我周家之辅”。④九族：谓上自高祖，下至玄孙。⑤言赖天之祐，皆成长也。⑥《礼记·月令》谓“天子孟夏迎夏于南郊，还乃封诸侯，行爵出禄”，故奏言盛夏吉时为诸皇子定号位。⑦司空：水土之官，故请令上舆地图，以备择地而封。⑧太牢：牛羊豕皆具之称。⑨辅：郭后所生子。三辅中之冯翊，光武分为左右二郡，以右翊封辅，左翊封焉。建武初，朱祐议以为上无二王，臣爵皆不过公，故诸皇子皆封公，至十七年，复皆进为王。⑩英：许美人所生。楚：楚郡，见前。⑪阳：阴后所生。东海，见前。⑫康：郭后所生。济南：汉郡，地在今山东。⑬苍：阴后生。东平：汉县，今属山东。⑭延：郭后生。淮阳：地在今河南。⑮荆：阴后生。山阳：汉县，故城在今河南修武县。⑯衡：阴后生。临淮：汉郡，地在今安徽。⑰焉：

郭后生。左翊：见上。　　⑱京：阴后生。琅邪：见前。

十六年……秋九月……郡国大姓及兵长、群盗，处处并起，攻劫在所，害杀长吏。郡县追讨，到则解散，去复屯结。青、徐、幽、冀四州尤甚①。冬十月，遣使者下郡国，听群盗自相纠擿②，五人共斩一人者，除其罪③。吏虽逗留回避故纵者，皆勿问，听以禽讨为效。其牧守令长坐界内盗贼而不收捕者，又以异懊捐城委守者④，皆不以为负⑤，但取获贼多少为殿最⑥，唯蔽匿者乃罪之。于是更相追捕，贼并解散。徙其魁帅于它郡，赋田受禀，使安生业。自是牛马放牧，邑门不闭……初，王莽乱后，货币杂用布、帛、金、粟。是岁，始行五铢钱⑦。

①青、徐：皆见《齐武王縯传》注。幽、冀：皆见《郑玄传》注。　　②纠擿：犹“纠发”。　　③除其罪：赦其本罪。　　④懊（nuò）：弱也。捐城：弃其城邑。委守：弃其所守。　　⑤负：败也。　　⑥殿最：考课之等差，殿后之意，谓课居后，最凡要之首，谓课居先。　　⑦五铢钱为马援所请复，参阅援传及注。

十七年……冬十月辛巳，废皇后郭氏为中山太后，立贵人阴氏为皇后①。进右翊公辅为中山王，食常山郡②。其余九国公③，皆即旧封进爵为王。甲申，幸章陵。修园庙，祠旧宅④，观田庐，置酒作乐，赏赐。时宗室诸母因酣悦，相与语曰："文叔少时谨信，与人不款曲，唯直柔耳。今乃能如此！"帝闻之，大笑曰："吾理⑤天下，亦欲以柔道行之。"乃悉为春陵宗室起祠堂……

①中山：见前阴氏，名丽华，有美名，更始元年，光武纳之，及即位，郭后以有子，得立为后，然光武之纳郭氏，本为羁縻刘扬计，宠阴氏如故，后郭后以宠衰怨怼，光武遂废之而立阴氏。　②食：并食也。常山：本名恒山，以避前汉文帝讳改（文帝名恒）。地在今河北。　③九国公：即前十五年所封。④春陵有白水陂，其阳为光武旧宅，宅南二里有白水，是即所谓白水乡也。　⑤理：即治。

十八年……是岁，罢州牧，置刺史①。

①武帝初置部刺史，掌奉诏条察州，秩六百石，成帝时，更名牧，秩二千石。哀帝时，先改刺史，后复为牧。经王莽变革，至建武元年，复置牧，兹又改置刺史，参阅《臧洪传》注。

十九年……夏……六月戊申，诏曰："《春秋》之义，立子以贵①。东海王阳，皇后之子，宜承大统。皇太子强，崇执谦退，愿备藩国。父子之情，重久违之②。其以强为东海王，立阳为皇太子，改名庄。"秋九月，南巡狩。壬申，幸南阳，进幸汝南南顿县舍③，置酒会，赐吏人，复南顿田租岁。老父前叩头言：“皇考居此日久，陛下识知寺舍④，每来辄加厚恩，愿赐复十年。”帝曰：“天下重器，常恐不任⑤，日复一日，安敢远期十岁乎？”吏人又言：“陛下实惜之，何言谦也⑥？”帝大笑，复增一岁……

---

①《公羊传》曰：“立嫡以长不以贤，立子以贵不以长。” ②强以母郭氏被废，常戚戚不自安，数因左右及诸王陈请愿备藩国，光武不忍，迟回者数岁，至是始许焉。 ③光武父钦为南顿令，见前，其地在汉属汝南郡。 ④寺：司也，诸官府所止皆曰寺。光武尝从父至南顿，故谓识知官府寺舍。 ⑤不任：不胜其任。 ⑥言陛下实吝惜不肯复租，何必为此谦语。

二十年春二月戊子，车驾还宫……

二十一年……其冬，鄯善王、车师王等十六国皆遣子入侍奉献，愿请都护①。帝以中国初定，未遑外事，乃还其侍子，厚加赏赐。

---

①鄯善、车师：皆见《班超传》注。都护之官，置于西域，所以察西域诸国动静，以时奏闻，前汉宣帝始以郑吉为之，秩比二千石。参阅《班超传》注。

二十二年……乌桓①击破匈奴，匈奴北徙，幕南②地空。

诏罢诸边郡亭候吏卒。

①乌桓：见《马援传》注。　②幕南：即漠南，大漠之南，今内蒙古地。

二十三年……是岁，匈奴薁鞬日逐王比率部曲遣使诣西河内附①。

①薁（yù）鞬日逐王：其王号。比：王名。西河：地在黄河之西，故名。宣帝时，置西河北地属国，以处匈奴降人，故比诣之内附。比因上年左贤王蒲奴立为单于，已失位，怀恨，故密使奉匈奴地图投汉。

二十四年……匈奴薁鞬日逐王比遣使款五原塞①，求扞御北虏……冬十月②，匈奴薁鞬日逐王比自立为南单于，于是分为南、北匈奴。

①款：输诚也。五原：郡名，秦为九原，汉曰五原，地在今内蒙古。　②一作十二月事。

二十五年春……南单于遣使诣阙贡献，奉蕃①称臣；又遣其左贤王击破北匈奴，却②地千余里……

①奉蕃：自称为蕃国。　②却：退后。

二十六年春正月，诏有司增百官奉。其千石已上，减于西京旧制；六百石已下，增于旧秩①。初作寿陵②。将作大匠③窦融上言："园陵广袤，无虑所用④。"帝曰："古者帝王之葬，皆陶人瓦器，木车茅马⑤，使后世之人不知其处⑥。太宗识终始之义，景帝能述遵孝道⑦，遭天下反覆，而霸陵独完受其福，岂不美哉⑧！令所制地不过二三顷，无为山陵，陂池裁令流水而已⑨。"遣中郎将段郴授南单于玺绶，令入居云中⑩，始置使匈奴中郎将⑪，将兵卫护之。南单于遣子入侍，奉奏诣阙。于是云中、五原、朔方、北地、定襄、雁门、上谷、代八郡⑫民归于本土。遣谒者分将施刑补理城郭。发遣边民在中国者，布还诸县，皆赐以装钱⑬，转输给食。

---

①前以用度不足，吏禄薄少，今边鄙安靖，经费稍裕，故增奉劝廉，而内治加修矣。　②预作之陵未有名，故称寿陵，经取久长之义。　③将作大匠：景帝改秦将作少府为之，掌宫室，秩二千石。　④东西曰"广"；南北曰"袤"。无虑：都凡也。融奏请园陵广袤及一切所采制度。　⑤茅马：束茅为马。⑥制作简陋，则易毁坏，久而不辨陵寝之所在。　⑦太宗：文帝庙号。文帝治山陵，皆瓦器，不以金银铜锡为饰，因其山，不起坟，遗诏因其地山川之故，不得有所改，景帝遵行之。　⑧天下

反覆：谓赤眉之乱。霸陵：文帝陵。赤眉掘长安诸帝陵，霸陵独完。　⑨言不须高作山陵，但令封土陂，作池不停水而已。⑩云中：本秦置郡，汉分其东北部为定襄郡，今山西及内蒙古皆有地属之，其西南部仍为云中郡，郡治云中县，即今内蒙古托克托县。　⑪使匈奴中郎将：见《臧洪传》注。其第一人任此职者，即段郴也。　⑫朔方：汉郡，即今内蒙古鄂尔多斯，武帝逐匈奴，收河南地而置。北地：见前。定襄：见上云中注。雁门、上谷、代，皆见《马援传》注。　⑬装钱：办装之钱。

二十七年夏……五月丁丑，诏曰："昔契作司徒，禹作司空，皆无'大'名，其令二府去'大'①。"又改大司马为太尉……

---

①朱祐奏宜令三公并去大名，以法经典，故有是诏。

中元元年①……是夏，京师醴泉涌出②，饮之者固疾皆愈③，惟眇、蹇者不瘳④。又有赤草⑤生于水崖。郡国频上甘露。群臣奏言："地祇灵应而朱草萌生⑥。孝宣帝每有嘉瑞，辄以改元，神爵、五凤、甘露、黄龙，列为年纪⑦，盖以感致神祇，表彰德信。是以化致升平，称为中兴。今天下清宁，灵物仍降⑧。陛下情存损挹⑨，推而不居，岂可使祥符显庆，没而无闻？宜令太史⑩撰集，以传来世。"帝不纳。常自谦无德，每郡国所上，辄抑而不当，故史官罕得记焉……

---

①是年即建武三十三年，本或作“建武中元元年”。 ②泉味甘如醴，故称“醴泉”，《尚书·中候》谓俊乂在官，则醴泉出。 ③固疾：久而不愈之疾。 ④眇：瞽也。蹇：跛也。瘳（chōu）：病愈。 ⑤赤草：朱草。《大戴礼》谓其日生一叶，至十五日以后，日落一叶，周而复始。 ⑥《孝经·援神契》谓德至草木即朱草生。 ⑦神爵、五凤、甘露、黄龙，皆宣帝年号，而列于年纪之书。 ⑧仍：频也。 ⑨挹：与“抑”通；损抑：谦退之意。 ⑩太史：史官之长。

二年春……二月戊戌，帝崩于南宫前殿，年六十二①。遗诏曰：“朕无益百姓，皆如孝文皇帝制度，务从约省②。刺史、二千石长吏皆无离城郭，无遣吏及因邮奏③。”

初，帝在兵间久，厌武事，且知天下疲耗，思乐息肩④。自陇、蜀平后，非儆急，未尝复言军旅。皇太子尝问攻战之事，帝曰：“昔卫灵公问陈，孔子不对⑤，此非尔所及。”每旦视朝，日仄乃罢。数引公卿郎、将讲论经理，夜分乃寐。皇太子见帝勤劳不怠，承间谏曰：“陛下有禹汤之明，而失黄老养性之福⑥，愿颐⑦爱精神，优游⑧自宁。”帝曰：“我自乐此，不为疲也。”虽身济大业，兢兢如不及⑨，故能明慎政体，总揽权纲，量时度力，举无过事。退功臣而进文吏，戢⑩弓矢而散马牛，虽道未方古，斯亦止戈之武焉⑪。

①按光武起兵之年计之，当为“六十三”。　②谓葬制皆从文帝。参阅前二十六年注。　③令外官无离境守，无遣吏因邮以赴吊，盖以民心甫定，不欲以国丧烦动官吏，且恐地方无主，发生意外事故。　④息肩：养息之意。　⑤《论语》：“卫灵公问陈于孔子，孔子对曰：‘俎豆之事，则尝闻之矣，军旅之事，未之学也。’”　⑥黄：黄帝；老：老子李耳。道家修炼，率祖黄、老。　⑦颐：养也。　⑧优游：闲暇自得貌。　⑨兢兢：小心戒慎貌。　⑩戢：藏兵。　⑪止戈为“武”。

论曰：皇考南顿君初为济阳令①，以建平②元年十二月甲子夜，生光武于县舍，有赤光照室中。钦异焉，使卜者王长占之。长辟左右③曰：“此兆吉不可言。”是岁县界有嘉禾生，一茎九穗④，因名光武曰秀。明年，方士有夏贺良者，上言哀帝，云：“汉家历运中衰，当再受命。”于是改号为太初元年，称“陈圣刘太平皇帝”，以厌胜之。及王莽篡位，忌恶刘氏，以钱文有金刀，故改为货泉。或以货泉字文为“白水真人”⑤。后望气者苏伯阿为王莽使至南阳，遥望见舂陵郭，唶⑥曰：“气佳哉，郁郁葱葱然！”及始起兵还舂陵，远望舍南，火光赫然属天，有顷不见。初，道士西门君惠、李守等亦云：“刘秀当为天子。”⑦其王者受命，信有符乎？不然，何以能乘时龙而御天哉⑧？

---

①济阳：秦县，故城在今河南兰考县东北。　②建平：前汉哀帝年号。　③辟左右：辟除左右。　④一茎九穗为祥瑞之兆。汉王充《论衡·吉验》："是岁有禾景天备火中，三本一茎九穗，长于禾一二尺，盖嘉禾也。"　⑤钱字有"金刀"，而"劉"字正是"卯、金、刀"组成，王莽改称钱为"货泉"，"泉"字由"白、水"两字组成，故曰"白水真人"。　⑥喈（jiè）：叹声。　⑦西门君惠好天文谶记。王莽时，尝言刘氏当复兴。刘歆为莽国师，以赤伏符有"刘秀发兵捕不道"之语，因于建平元年改名秀，字颖叔，欲以当之，后为莽所杀。李守，功臣李通父。　⑧《周易·乾卦》："时乘六龙以御天。"

马皇后纪

明德马皇后，讳某①，伏波将军援之小女也②。少丧父母。兄客卿敏惠早夭③，母蔺夫人悲伤发疾慌惚。后时年十岁，干④理家事，敕制童御，内外咨禀，事同成人。初，诸家莫知者，后闻之，咸叹异焉。

---

①马皇后，显宗明帝之后。汉世皇后无谥，皆因帝谥以为称，东汉明帝始谥母阴后曰“烈”，其后多系帝谥，而以“德”为配，明德，即“明”为帝谥，“德”其配也。讳某：史失其名。　②伏波将军援，详下《马援传》。　③惠：同“慧”。援卒，客卿亦夭，详下《马援传》及注。　④干：正也。

后尝久疾，太夫人令筮之，筮者曰：“此女虽有患状，而当大贵，兆不可言也。”后又呼相者使占诸女，见后，大惊曰：“我必为此女称臣。然贵而少子，若养他子者得力，乃当逾于所生。”

初，援征五溪蛮①，卒于师，虎贲中郎将梁松、黄门侍郎窦固等因谮之②，由是家益失势，又数为权贵所侵侮。后从兄严不胜忧愤，白太夫人绝窦氏婚③，求进女掖庭④。乃上书曰："臣叔父援，孤恩不报⑤，而妻子特获恩全，戴仰陛下，为天为父。人情既得不死，便欲求福。窃闻太子⑥、诸王，妃匹未备，援有三女，大者十五，次者十四，小者十三，仪状发肤，上中以上。皆孝顺小心，婉⑦静有礼。愿下相工，简其可否。如有万一⑧，援不朽于黄泉矣。又援姑姊妹并为成帝婕妤，葬于延陵⑨。臣严幸得蒙恩更生，冀因缘先姑，当充后宫。"由是选后入太子宫。时年十三。奉承阴后⑩，傍接同列，礼则修备，上下安之。遂见宠异，常居后堂。

---

①五溪：即雄溪、樠溪、酉溪、潕溪、辰溪，皆蛮夷所居，故谓五溪蛮。土俗"雄"作"熊"，"樠"作"朗"，"潕"作"武"。援征五溪蛮事，详下《马援传》。　②虎贲中郎将：领虎贲郎，主宿卫，中郎将之杂号者。中郎将为秦置官，领五官署左署右署郎，故有五官中郎将诸名号，位亚将军，后又增置东西南北四中郎将，此外如虎贲中郎将、使匈奴中郎将等，皆为杂号中郎将。梁松：字伯升。黄门侍郎：给事黄门之内，六百石。黄门，宫门之黄色者。窦固：字孟孙。松固谮援事，见下《马援传》。　③梁松与窦固相比，谮陷马氏，当时窦氏有恃势向马氏求婚者，故马严愤绝之。　④掖庭：宫中旁舍，嫔妃所居地，别于正宫而言。　⑤孤：负也。　⑥太子：光武太子，即显宗。　⑦婉：顺。　⑧万一：万一获选。　⑨成帝：前汉时帝，名骜，元帝子。婕妤（jié yú）：宫中女官名。汉制，

位在昭仪下，娙娥上，视上卿，秩比列侯。延陵：成帝陵，在扶风，去长安六十二里。　⑩阴后：光武后，阴氏名丽华。

显宗即位，以后为贵人①。时后前母姊女贾氏亦以选入，生肃宗②。帝以后无子，命令养之。谓曰："人未必当自生子，但患爱养不至耳。"后于是尽心抚育，劳悴过于所生。肃宗亦孝性惇笃③，恩性天至，母子慈爱，始终无纤介之间④。

①显宗：名庄，谥曰明。贵人：女官名，位次皇后。　②前母姊女：前母所生姊之女，故贾氏于马后为甥。肃宗：名炟（dá），谥曰章。　③惇（dūn）：厚也。笃：笃厚。　④纤介：犹微细。间：隙。

后常以皇祠未广，每怀忧叹，荐达左右，若恐不及。后宫有进见者，每加慰纳。若数所宠引，辄增隆遇。永平①三年春，有司奏立长秋宫②，帝未有所言。皇太后③曰："马贵人德冠后宫，即其人也。"遂立为皇后。

先是数日，梦有小飞虫无数赴著身，又入皮肤中而复飞出。既正位宫闱，愈自谦肃。身长七尺二寸，方口，美发。能诵《易》，好读《春秋》《楚辞》，尤善《周官》、董仲舒书④。常衣大练⑤，裙不加缘。朔望诸姬主朝请⑥，望见后袍衣疏粗，反以为绮縠⑦，就视，乃笑。后辞曰："此缯特宜染色，故用之耳。”六宫莫不叹息。

---

①永平：显宗年号。　②长秋宫：皇后所居宫。有司请立皇后，不敢指言，故以宫称之。　③皇太后：即阴氏。　④《周官》：《周礼》。董仲舒书：前汉董仲舒所著《玉杯》《蕃（fán）露》《清明》《竹林》等。　⑤大练：粗厚之熟帛。⑥朝请：汉律，春曰朝，夏曰请。　⑦绮縠（qǐhú）：斜纹之丝织物及绉纱。

帝尝幸苑囿离宫①，后辄以风邪露雾为戒，辞意款备，多见详择。帝幸濯龙中②，并召诸才人③，下邳王④已下皆在侧，请呼皇后。帝笑曰：“是家⑤志不好乐，虽来无欢。”是以游娱之事，希尝从焉。

---

①苑囿：同“园囿”。离宫：行宫，古帝王出游时驻跸之所。　②濯龙：园名，近北宫。　③才人：古女官名。④下邳王：显宗子，名衍，封于下邳。下邳：故城在今江苏邳州市东。　⑤是家：犹云“是人”。

十五年，帝案地图，将封皇子，悉半诸国。后见而言曰：“诸子裁食数县，于制不已俭乎？”帝曰：“我子岂宜与先帝子等乎？岁给二千万足矣。”时楚狱连年不断，囚相证引，坐系者甚众①。后虑其多滥，乘间言及，恻然。帝感悟之，夜起彷徨，为思所纳②，卒多有所降宥。时诸将奏事及公卿较议难平者③，帝数以试后。后辄分解趣理，各得其情。每于侍执之际④，辄言及政事，多所毗补，而未尝以家私干。故宠敬日隆，始终无衰。

---

①楚狱：光武子楚王英谋反之狱也，所连及死徙者以千数。②为思所纳：为思后所纳之言。　③较：明也。难平：难决也。　④执：守也。侍执：犹言侍守。

及帝崩，肃宗即位，尊后曰皇太后。诸贵人当徙居南宫，太后感析别之怀，各赐王赤绶①，加安车②驷马，白越三千端③，杂帛二千匹，黄金十斤。自撰《显宗起居注》④，削去兄防参医药事⑤。帝请曰："黄门舅⑥旦夕供养且一年，既无褒异，又不录勤劳，无乃过乎！"太后曰："吾不欲令后世闻先帝数亲后宫之家，故不著也。"

---

①王赤绶：诸侯王所用赤色之绶。　②安车：坐乘之车，别于立乘者。　③白越：越布。　④起居注：官名，汉时为宫中女史之任。　⑤明帝体不安，召马防参预医药事，防甚勤劳。　⑥时马防为黄门侍郎，故称。

建初①元年，[帝]欲封爵诸舅，太后不听。明年夏，大旱，言事者以为不封外戚之故，有司因此上奏，宜依旧典[2]。太后诏曰："凡言事者皆欲媚朕以要福耳。昔王氏五侯，同日俱封，其时黄雾四塞，不闻澍雨之应[3]。又田蚡、窦婴，宠贵横恣，倾覆之祸，为世所传[4]。故先帝防慎舅氏，不令在枢机之位[5]。诸子之封，裁令半楚、淮阳诸国[6]，常谓'我子不当与先帝子等'。今有司奈何欲以马氏比阴氏乎！吾为天下母，而身服大练，食不求甘，左右但著帛布，无香薰之饰者，欲身率下也。以为外亲见之，当伤心自敕，但笑言太后素好俭[7]。前过濯龙门上，见外家问起居者，车如流水，马如游龙，仓头衣绿褠[8]，领袖正白，顾视御者[9]，不及远矣。故不加谴怒，但绝岁用而已，冀以默愧其心，而犹懈怠，无忧国忘家之虑。知臣莫若君，况亲属乎？吾岂可上负先帝之旨，下亏先人之德，重袭西京败亡之祸哉！"[10]固不许。

帝省诏悲叹，复重请曰："汉兴，舅氏之封侯，犹皇子之为王也。太后诚存谦虚，奈何令臣独不加恩三舅乎[11]？且卫尉年尊，两校尉有大病[12]，如令不讳，使臣长抱刻骨之恨。宜及吉时，不可稽留。"太后报曰："吾反复念之，思令两善[13]。岂徒欲获谦让之名，而使帝受不外施之嫌哉[14]！昔窦太后欲封王皇后之兄，丞相条侯言：'受高祖约，无军功，非刘氏不侯[15]。'今马氏无功于国，岂得与阴、郭中兴之后等邪[16]？常观富贵之家，禄位重叠，犹再实之木，其根必伤[17]。且人所以愿封侯者，欲上奉祭祀，下求温饱耳。今祭祀则受四方之珍，衣食则蒙御府余资[18]，斯岂不足，而必当得一县乎？吾计之孰矣⑲，勿有疑也。夫至孝之行，安亲为上。今数遭变异，谷价数倍，忧惶昼夜，不安坐卧，而欲先营外封，违慈母之拳拳乎⑳！吾素刚急，有胸中气，不可不顺也。若阴阳调和，边境清静，然后行子之志，吾但当含饴㉑弄孙，不能复关政矣。”

---

①建初：肃宗年号。　②汉制，外戚以恩泽封侯，故曰旧典。　③前汉成帝元年，赐太后弟王谭、王商、王立、王根、王逢时爵关内侯。逾月，黄雾四塞。澍雨：时雨。　④田蚡（fén）：前汉景帝王皇后同母弟，封武安侯。武帝时，为相，贪骄，殁后，帝闻其与诸侯王私语，曰：“使武安在者族矣。”窦婴：前汉文帝窦皇后从兄子，封魏其侯，亦武帝时相，坐与人朋党，弃市。　⑤枢机：指中央政权的机要部门或职位。　⑥裁：同“才”。楚：楚王英；淮阳：淮阳王延，皆光武子。半楚、淮阳诸国：楚、淮阳国土之半，不全封给也。显宗封诸皇子，悉半诸国，见前。　⑦言外亲并不自谨敕，惟笑言太后素好俭而已。⑧仓头：同“苍头”，谓仆隶也。绿褠：绿单衣。　⑨御者：身旁侍御之人。　⑩西京败亡之祸：指前汉外戚吕氏、窦氏、上官氏、霍氏等被诛事。　⑪三舅：指太后兄廖、防、光。⑫时廖为卫尉，防、光为校尉。　⑬两善：谓国无滥恩，外戚亦以安全。　⑭外施：谓以恩泽封爵外家。　⑮窦太后：前汉文帝后。王皇后：景帝后。兄：指王信。条侯：指周亚夫，时为汉景帝相。窦后欲封王信为侯，景帝辞让不获，因与条侯计，亚夫曰：“高帝约：‘非刘氏不得王，非有功不得侯，不如约，

天下共击之。’今信虽皇后兄，无功，侯之，非约也。”帝默然而止。 ⑯光武为中兴汉室之主，先立郭氏为后，后又废郭而立阴氏。 ⑰《文子》曰：“再实之木根必伤，掘臧之家后必殃。” ⑱汉世，皇后家祀其父母，太官供具，御府令掌中衣服及补浣之属，饮食则太官主之。 ⑲孰：同“熟”。 ⑳拳拳：犹“勤勤”。 ㉑饴（yí）：麦芽糖。

时新平主[1]家御者失火，延及北阁后殿。太后以为己过，起居不欢。时当谒原陵[2]，自引守备不慎，惭见陵园，遂不行。初，太夫人葬，起坟微高[3]，太后以为言，兄廖等即时减削。其外亲有谦素义行者，辄假借温言，赏以财位[4]。如有纤介，则先见严恪之色，然后加谴。其美车服不轨法度者，便绝属籍[5]，遣归田里。广平、巨鹿、乐成王[6]车骑朴素，无金银之饰，帝以白太后，太后即赐钱各五百万。于是内外从化，被服如一，诸家惶恐，倍于永平时。乃置织室，蚕于濯龙中，数往观视，以为娱乐。常与帝旦夕言道政事，乃教授诸小王，论议经书，述叙平生，雍和终日。

①新平主：无考。按光武父南顿令钦次女为新野主，名元。“平”疑“野”之讹。 ②原陵：光武陵，方三百二十步，高六丈，去洛阳十五里，在临平亭东南。 ③汉律，列侯坟高四丈，关内侯以下至庶人各有差。 ④位：本可作官位解，惟马后既不称制，无赏外亲以官位之权，又后方力拒肃宗封三舅，岂

肯以官位授所亲，故“位”字疑“物”字转写之讹。 ⑤当时外亲，宫中皆有名籍，得恣出入，绝其属籍，即除其籍上之名，自后遂不得入宫。 ⑥广平王羡、巨鹿王恭、乐成王党皆明帝子。

四年，天下丰稔，方垂①无事，帝遂封三舅廖、防、光为列侯。并辞让，愿就关内侯②。太后闻之曰：“圣人设教，各有其方，知人情性莫能齐也。吾少壮时，但慕竹帛，志不顾命③。今虽已老，而复‘戒之在得’，故日夜惕厉④，思自降损。居不求安，食不念饱。冀乘此道，不负先帝。所以化导兄弟，共同斯志，欲令瞑目之日，无所复恨。何意老志复不从哉！万年之日长恨矣！”廖等不得已，受封爵而退位归第焉。

---

①方垂：犹边陲。 ②列侯爵位，较关内侯为尊，故辞让。廖等辞让，应移于太后语后“廖等不得已”之下，文方有序。 ③言少慕古人书名竹帛，不顾命之长短。 ④惕：惧。厉：危。

太后其年寝疾，不信巫祝小医，数敕绝祷祀。至六月，崩。在位二十三年，年四十余。合葬显节陵①。

---

①显节陵：明帝陵，方三百步，高八丈，其地故为富寿亭，西北去洛阳三十七里。

齐武王縯传

齐武王縯[1]，字伯升，光武之长兄也[2]。性刚毅，慷慨有大节。自王莽篡汉[3]，常愤愤，怀复社稷之虑，不事家人居业，倾身破产，交结天下雄俊。

莽末，盗贼群起，南方尤甚。伯升召诸豪杰计议曰："王莽暴虐，百姓分崩。今枯旱连年，兵革并起。此亦天亡之时，复高祖之业[4]，定万世之秋也[5]。"众皆然之。于是分遣亲客，使邓晨起新野[6]，光武与李通、李轶起于宛[7]。伯升自发舂陵子弟[8]，合七八千人，部署宾客，自称柱天都部[9]。使宗室刘嘉往诱新市、平林兵王匡、陈牧等[10]，合军而进，屠长聚及唐子乡[11]，杀湖阳尉[12]，进拔棘阳[13]，因欲攻宛。至小长安[14]，与王莽前队大夫甄阜、属正梁丘赐战[15]。时天密雾，汉军大败，姊元弟仲皆遇害，宗从死者数十人[16]。伯升复收会兵众，还保棘阳。阜、赐乘胜，留辎重于蓝乡[17]，引精兵十万南渡潢淳水[18]，临沘水[19]，阻两川间为营，绝后桥，示无还心。新市、平林见汉兵数败，阜、赐军大至，各欲解去，伯升甚患之。会下江兵五千余人至宜秋[20]，乃往为说合从之势，下江从之。语在《王常传》[21]。伯升于是大飨军士，设盟约。休卒三日，分为六部，潜师夜起，袭取蓝乡，尽获其辎重。明旦，汉军自西南攻甄阜，下江兵自东南攻梁丘赐。至食时，赐陈溃，阜军望见散走，汉兵急追之，却迫潢淳水，斩首溺死者二万余人，遂斩阜、赐。王莽纳言将军严尤、秩宗将军陈茂闻阜、赐军败㉒，引欲据宛。伯升乃陈兵誓众，焚积聚，破釜甑，鼓行而前，与尤、茂遇育阳下㉓，战，大破之，斩首三千余级。尤、茂弃军走，伯升遂进围宛，自号柱天大将军。王莽素闻其名，大震惧，购伯升邑五万户，黄金十万斤，位上公。使长安中官署及天下乡亭皆画伯升像于塾，旦起射之㉔。

---

①齐：汉国名，属青州，地在今山东。縯：音yǎn。　②光武有二兄，縯其长，次曰仲。　③王莽：见《光武帝纪》注。④高祖定天下之业。　⑤定万世之秋：言定天下，传之万世，此其时也。　⑥邓晨：字伟卿，娶光武姊元，为中兴功臣之一。新野：见《光武帝纪》注。　⑦李通、李轶：见《光武帝纪》注。轶初与光武同举事，后从更始，陷害伯升，旋又输诚于光武，卒为更始臣朱鲔所杀。宛：见《光武帝纪》注。　⑧舂陵：见《光武帝纪》注。　⑨柱天：谓若天之柱也。都部：犹都统。　⑩刘嘉：字孝孙，光武族兄，封顺阳侯。新市：又作南新市，汉县，后为侯国，故城在今湖北京山县东北。平林：汉乡，晋县，故城在今湖北随州。时盗贼群起，新市人王匡、王凤及马武、东鲔、张卬等率众入南阳，号新市兵。平林人陈牧、廖湛聚众余人，号平林兵。　⑪离城郭远者，大曰乡，小曰聚。

唐子乡：今河南沘源县南百里有唐子山，乡即在山麓西南。⑫湖阳尉：见《光武帝纪》注。⑬棘阳：见《光武帝纪》注。⑭小长安：聚名，今属南阳市。⑮队（suì）：王莽置有六队郡：南阳为前队，河内为后队，颍川为左队，弘农为右队，河东为兆队，荥阳为祈队，每队置大夫一人，其职如太守。六队郡，每队置属正一人，其职如都尉。⑯宗从：指群从子弟。⑰辎重：指粮食服装等物。蓝乡：今新野县东有蓝乡。⑱潢淳水：在今河南唐河县。⑲沘水：见《光武帝纪》注。⑳王匡、王凤等初起新市，王常、成丹、张卬等皆从之，聚众藏绿林山中，后大疾疫，乃各分散，匡等入南阳为新市兵，常、丹、卬等入南郡，号下江兵。宜秋：聚名，在今沘源县东南。㉑王常：见《光武帝纪》注。下江军既至宜秋，伯升与光武、李通俱造常壁，说以合从之利，常从之，丹、卬不欲，常晓说其将帅，因皆听命。㉒纳言：虞官，掌出纳王命，历秦汉不置，王莽改大司农为之，以其典兵，故有将军号。严尤：字伯石，本作庄尤，以显宗名庄，避作“严”。秩宗：亦虞官，掌郊庙之事，历秦汉皆不置，王莽改太常为之，亦以典兵而加将军号。㉓育阳：汉县，故城在今河南南阳。㉔埶：与“埻”通，埻（zhǔn）：的也。王莽使射伯升像，乃厌胜之术。

自阜、赐死后，百姓日有降者，众至十余万。诸将会议立刘氏以从人望，豪杰咸归于伯升，而新市、平林将帅乐放纵，惮伯升威明而贪圣公懦弱①，先共定策立之，然后使骑召伯升，示其议。伯升曰：“诸将军幸欲尊立宗室，其德甚厚，然愚鄙之见，窃有未同。今赤眉起青、徐，众数十万②，闻南阳立宗室，恐赤眉复有所立，如此，必将内争③。今王莽未灭，而宗室相攻，是疑天下而自损权④，非所以破莽也。且首兵唱号，鲜有能遂，陈胜、项籍，即其事也⑤。舂陵去宛三百里耳，未足为功⑥。遽自尊立，为天下准的⑦，使后人得承吾敝⑧，非计之善者也。今且称王以号令。若赤眉所立者贤，相率而往从之；若无所立，破莽降赤眉，然后举尊号，亦未晚也。愿各详思之。”诸将多曰“善”。将军张卬拔剑击地曰：“疑事无功⑨。今日之议，不得有二！”众皆从之。

---

①圣公：见《光武帝纪》注。　②赤眉：当时农民起义军。王莽末，青、徐大饥，寇贼蜂起，有琅邪人樊崇者，在莒起兵，群盗以其勇猛，争附之，众至数万，莽遣将击之，崇等欲战，恐部下与莽兵相混，乃皆朱其眉以相识别，由是号曰赤眉。青：青州，汉所置，今山东之大部。徐：徐州，汉所置，地跨今江苏、山东，治郯，故城在今山东郯城县西南，后徙治江苏之彭城，遂以其地为徐州。　③南阳：见《光武帝纪》注。此指伯升兄弟，以其皆南阳人也。赤眉后转战入长安，果立宗室盆子为帝，旋为光武所剿灭。　④宗室争立，则天下莫知所从，是疑天下之心而自损其权。　⑤陈胜：字涉。项籍：字羽。秦得天下，暴虐百姓，胜首先发难，举兵与抗，籍亦继起，胜称王，诸将不亲，为其下所杀，籍与高祖争天下，亦败死。　⑥言自舂

陵举兵至宛，所进不过三百里，不足为功。　⑦准的：犹中矢之的，射者皆以为标准。　⑧言天下既以为准的，遂共相注目，我因应付之劳敝，得使后来者乘之也。承：与“乘”通。⑨疑事无功：言作事有疑，则不能见功，语见《战国策》。

圣公既即位，拜伯升为大司徒①，封汉信侯。由是豪杰失望，多不服。平林后部攻新野，不能下。新野宰②登城言曰：“得司徒刘公一信③，愿先下。”及伯升军至，即开城门降。五月，伯升拔宛。六月，光武破王寻、王邑④。自是兄弟威名益甚。更始君臣不自安⑤，遂共谋诛伯升，乃大会诸将，以成其计。更始取伯升宝剑视之，绣衣御史申屠建随献玉玦⑥，更始竟不能发。及罢会，伯升舅樊宏⑦谓伯升曰：“昔鸿门之会，范增举玦以示项羽⑧。今建此意，得无不善乎？”伯升笑而不应。初，李轶谄事更始贵将⑨，光武深疑之，常以戒伯升曰：“此人不可复信。”又不受。伯升部将宗人刘稷，数陷陈溃围，勇冠三军。时将兵击鲁阳⑩，闻更始立，怒曰：“本起兵图大事者，伯升兄弟也，今更始何为者邪？”更始君臣闻而心忌之，以稷为抗威将军，稷不肯拜。更始乃与诸将陈兵数千人，先收稷，将诛之，伯升固争。李轶、朱鲔因劝更始并执伯升，即日害之。有二子。建武二年，立长子章为太原王⑪，兴为鲁王⑫。十一年，徙章为齐王。十五年，追谥伯升为齐武王……

①大司徒：见《光武帝纪》注。②王莽改令长为宰。时潘临为新野宰。③一信：一为证信。④此即所谓昆阳之战。莽之败亡，汉室之中兴，皆由于此。时寻、邑将兵百万，更有长人巨无霸驱猛兽以助威武，出兵之盛，自秦汉以来所未；既败，寻死邑逃，尽获其辎重军实车甲珍宝，举之连月不尽。⑤圣公既即位，建元更始，立三年，赤眉入长安，更始降之，被杀；是年，光武先即帝位，建元建武。⑥绣衣御史：前汉武帝置，衣绣者，尊宠之也。玉玦：玉佩之作半环形者。玦，决也，建献示更始，令早决断。⑦樊宏：字靡卿，父名重，伯升兄弟之父名钦，娶重女娴都，故宏于伯升为舅。⑧鸿门：地名，在陕西临潼东，高祖与项羽，同受楚怀王命，入关灭秦。高祖先入，项羽至，见已有兵守关，怒，欲击高祖兵，高祖兵少，虑不敌，乃卑辞以谢之。明日，往过羽于鸿门，羽留高祖饮，羽臣范增数目羽，举所佩玉玦示之者三，羽不应。⑨更始贵将，朱鲔等。⑩鲁阳：汉县，今河南鲁山县。⑪太原：秦置郡，在今山西。⑫鲁：汉国名，本属徐州，光武改属豫州，地在今山东。光武次兄仲殁于小长安，因以兴嗣仲，别封王，后遂谥仲为鲁哀王。

论曰：大丈夫之鼓动拔起，其志致盖远矣。若夫齐武王之破家厚士，岂游侠下客之为哉①！其虑将存乎配天之绝业，而痛明堂之不祀也②。及其发举大谋，在仓卒扰攘之中，使信先成于敌人③，赦岑彭以显义④，若此足以见其度矣。志高虑远，祸发所忽⑤。呜呼！古人以蜂虿为戒⑥，盖畏此也。《诗》云："敬之敬之，命不易哉。⑦"

---

①下客：谓折节下士。　②王者以远祖配天，以父配上帝于明堂，言伯升之志，将复汉家已绝之王业，仍修祭祀也。明堂：明政教之堂。古祀上帝，祭先祖，朝诸侯，养老，尊贤，凡关于大典礼者，皆于此行之。　③即指新野宰须伯升一信而降事。④岑彭：字君然。伯升攻宛时，彭为守，食尽始降，诸将欲诛之，伯升特赦之。彭遂为中兴功臣之一。　⑤忽：轻忽。祸发所忽：即指不用樊宏、光武之言而被害也。　⑥春秋时，鲁臣臧文仲谓其君曰："君其无谓邾小，蜂虿有毒，而况国乎。"⑦《诗经·周颂》之词。言敬之敬之，其命不易保。

马援传

马援，字文渊，扶风茂陵人也①。其先赵奢为赵将，号曰马服君②，子孙因为氏。武帝时，以吏二千石自邯郸徙焉③。曾祖父通，以功封重合侯④，坐兄何罗反，被诛⑤，故援再世不显⑥。援三兄况、余、员，并有才能，王莽时皆为二千石⑦。援年十二而孤，少有大志，诸兄奇之。尝受《齐诗》⑧，意不能守章句，乃辞况，欲就边郡田牧。况曰："汝大才，当晚成。良工不示人以朴，且从所好⑨。"会况卒，援行服期年，不离墓所；敬事寡嫂，不冠不入庐⑩。

---

①扶风：郡名，汉为右扶风，今陕西凤翔等处。茂陵：本前汉武帝陵，因置为县，在今陕西兴平市东北。　②赵奢：战国时为赵将，赵惠文王以其有功，赐爵号为马服君。　③武帝：前汉帝，名彻。邯郸：战国时赵都。赵奢子孙，武帝时，有为茂陵吏者，因自邯郸徙居茂陵。　④重合：县名，汉时属勃海郡，后废。　⑤前汉武帝晚年，江充用事，充与太子据有隙，恐帝崩后被诛，遂以事诬太子，太子收斩充，何罗与充善，惧祸及，故反。何罗马姓，《前汉书》作"莽"。　⑥援再世不显：言其祖及父皆不得为显任。　⑦援兄况，字君平，王莽时

为河南太守。余，字圣卿，为中垒校尉。员，字季主，为连山太守。王莽：见《光武帝纪》注。　⑧《齐诗》：前汉东海后苍所传之《诗经》，其时除《齐诗》外，犹有《鲁诗》及《韩诗》，后此三家皆不传，独传毛公所传，即今之《诗经》也，故《诗经》又别称《毛诗》。　⑨朴：与“璞”同，未治之玉。且从所好：从其所请也。　⑩庐：舍也。

后为郡督邮①，送囚至司命府②，囚有重罪，援哀而纵之，遂亡命北地。遇赦，因留牧畜，宾客多归附者，遂役属数百家。转游陇汉间，常谓宾客曰：“丈夫为志，穷当益坚，老当益壮。”因处田牧，至有牛、马、羊数千头，谷数万斛。既而叹曰：“凡殖货财产③，贵其能施赈也，否则守钱虏耳。”乃尽散以班昆弟故旧④，身衣羊裘皮绔⑤。

---

①督邮：汉官名，为郡守佐吏，主督察属县过失。邮即“尤”之借字。　②司命府：司命官之府，王莽所置，自上公以下皆纠察。　③兴生财利曰“殖”。　④班：分给。　⑤绔：与“袴”同。

王莽末，四方兵起，莽从弟卫将军林广招雄俊，乃辟援及同县原涉为掾①，荐之于莽。莽以涉为镇戎大尹，援为新成大尹②。及莽败，援兄员时为增山连率③，与援俱去郡，复避地凉州④。世祖⑤即位，员先诣洛阳，帝遣员复郡，卒于官。援因留西州[6]，隗嚣甚敬重之[7]，以援为绥德将军，与决筹策。

---

①原涉：字巨先，亦茂陵人。掾（yuàn）：属官。 ②王莽改太守为大尹，改天水郡为镇戎，改汉中郡为新成。 ③王莽改上郡为增山。连率：亦太守也。莽法，典郡者，公为牧，侯称卒正，伯称连率，其无封爵者为尹。 ④凉州：汉置州，今甘肃一带地。 ⑤世祖：光武庙号。 ⑥西州：即凉州一带地，隗嚣据其处，自称西州上将军。 ⑦隗嚣（wěi xiāo）：字季孟，天水成纪人，据陇西，初附光武，后叛附公孙述，光武征之，嚣奔死。

是时，公孙述称帝于蜀[1]，嚣使援往观之。援素与述同里闬[2]，相善，以为既至当握手欢如平生，而述盛陈陛卫[3]，以延援入，交拜礼毕，使出就馆，更为援制都布单衣[4]，交让冠，会百官于宗庙中，立旧交之位。述鸾旗旄骑，警跸就车，磬折而入[5]，礼飨官属甚盛，欲授援以封侯大将军位。宾客皆乐留，援晓之曰："天下雄雌未定，公孙不吐哺走迎国士，与图成败[6]，反修饰边幅[7]，如[偶]俑人形[8]，此子何足久稽天下士乎[9]！"因辞归，谓嚣曰："子阳井底蛙耳[10]，而妄自尊大，不如专意东方[11]。"

---

①公孙述：字子阳，王莽时，为蜀郡守，及豪杰蜂起，述遂

称帝于蜀，号成家，后为光武将吴汉所灭。　②闬（hàn）：里门。述亦扶风茂陵人。　③陛卫：殿陛设卫。　④都布单衣：白叠布所制之单层衣。　⑤鸾旗：天子之旗。鸾亦作“銮”。旄骑：前驱骑士，解髻披发，亦称旄头骑。警跸：天子出入，所以戒行路之人。磬折：屈身如磬之曲折，恭敬之貌。　⑥周公旦诫子伯禽曰：“吾一沐三握发，一食三吐哺，起以待士，犹恐失天下之贤人。”哺：食物。　⑦修饰边幅：言若布帛修整其边幅。　⑧偶人：偶人，有面目机发，似于生人。　⑨稽：留。　⑩井底蛙：喻述志识狭浅，如井底之蛙。　⑪东方：指光武。

建武四年冬，嚣使援奉书洛阳。援至，引见于宣德殿。世祖迎笑谓援曰：“卿遨游二帝间①，今见卿，使人大惭②。”援顿首辞谢，因曰：“当今之世，非独君择臣也，臣亦择君矣。臣与公孙述同县，少相善。臣前至蜀，述陛戟而后进臣。臣今远来，陛下何知非刺客奸人，而简易若是③？”帝复笑曰：“卿非刺客，顾说客耳。”援曰：“天下反覆，盗名字者不可胜数。今见陛下，恢廓大度④，同符高祖，乃知帝王自有真也！”帝甚壮之。

---

①二帝：犹二主，指隗嚣、公孙述。　②大惭：谦言恐不如嚣、述。　③援初到，光武在宣德殿南庑下袒帻而见之，故云简易。　④恢廓：言其广大。

援从南幸黎丘，转至东海。及还，以为待诏①，使太中大夫来歙②持节送援西归陇右。隗嚣与援共卧起，问以东方流言③及京师得失。援说嚣曰：“前到朝廷，上引见数十，每接燕语，自夕至旦，才明勇略，非人敌也。且开心见诚，无所隐伏，阔达多大节，略与高帝同。经学博览，政事文辩，前世无比。”嚣曰：“卿谓何如高帝？”援曰：“不如也。高帝无可无不可；今上好吏事，动如节度，又不喜饮酒④。”嚣意不怿，曰：“如卿言，反复胜邪？”然雅信援，故遂遣长子恂入质。援因将家属随恂归洛阳。

---

①汉时，四方上书之人，皆待诏公车。公车，官署名称。诸待诏者皆居以待命，故其时待诏乃望文生义之号，非实职，至唐代始为官称。　②太中大夫：秦置官，掌议论。来歙：字君叔，以信义著称。　③流言：犹传言。　④“不如也”为断句，下四句并非言光武之不如高祖，正言其胜于高祖，不然光武之不喜饮酒，亦为不如高祖之喜饮酒矣；盖援特作此抑扬语以歆动隗嚣。

居数月而无它职任①。援以三辅②地旷土沃，而所将宾客猥多③，乃上书求屯田上林苑中④，许之。会隗嚣用王元计，意更狐疑⑤，援数以书记责譬于嚣，嚣怨援背己，得书增怒，其后遂发兵拒汉。援乃上疏曰：“臣援自念归身圣朝，奉事陛下，本无公辅一言之荐，左右为容之助⑥。臣不自陈，陛下何因闻之。夫居前不能令人轾，居后不能令人轩⑦，与人怨不能为人患，臣所耻也。故敢触冒罪忌，昧死陈诚。臣与隗嚣，本实交友。初，嚣遣臣东，谓臣曰：'本欲为汉，愿足下往观之。于汝意可，即专心矣。'及臣还反，报以赤心，实欲导之于善，非敢谲以非义。而嚣自挟奸心，盗憎主人⑧，怨毒之情，遂归于臣。臣欲不言，则无以上闻。愿听诣行在所，极陈灭嚣之术⑨，得空匈腹，申愚策，退就陇亩，死无所恨！"帝乃召援计事，援具言谋画。因使援将突骑五千，往来游说嚣将高峻、任禹之属，下及羌豪，为陈祸福，以离嚣[友]支党。

---

①援才略兼人，又好纵横策画，时方为嚣送质于汉，光武犹未敢置信，故未得官，待诏而已。　②三辅：见《光武帝纪》注。　③猥：多，杂。　④上林苑：地跨今长安、咸阳、周至、户县、蓝田，本秦旧苑，前汉武帝更增广之。　⑤王元：嚣将，说嚣不宜听援说东附光武，应自图建树，嚣善其计，虽遣子入质，又复狐疑。狐疑，心不定。　⑥前汉邹阳上梁孝王书曰："蟠木根柢，轮囷离奇，而为万乘器者，以左右先为之容也。"蟠木，屈曲之木。万乘器，天子车舆之属。容，谓雕刻加饰。　⑦车前高曰轩，后低曰轾，居前二语，言其人无足重轻也。　⑧盗憎主人：语见《左传》，言被盗之主有言，则不利于盗，故憎之，以喻隗嚣之于光武。　⑨天子以四

海为家，故谓所居为行在所。时光武未深信援，援恐嚣叛而己亦见疑，故欲面陈灭嚣之术以自白。

援又为书与嚣将杨广，使晓劝于嚣曰："春卿无恙[①]。前别冀南[②]，寂无音驿。援间还长安，因留上林。窃见四海已定，兆民同情，而季孟闭拒背畔，为天下表的[③]。常惧海内切齿，思相屠裂，故遗书恋恋，以致恻隐之计。乃闻季孟归罪于援，而纳王游翁谄邪之说[④]，自谓函谷以西，举足可定。以今而观，竟何如邪？援间至河内[⑤]，过存伯春[⑥]，见其奴吉从西方还，说：'伯春小弟仲舒望见吉，欲问伯春无它否，竟不能言，晓夕号泣，婉转尘中。'又说：'其家悲愁之状，不可言也。'夫怨仇可刺不可毁，援闻之，不自知泣下也[⑦]。援素知季孟孝爱，曾、闵不过。夫孝于其亲，岂不慈于其子？可有子抱三木，而跳梁妄作，自同分羹之事乎[⑧]？季孟平生自言所以拥兵众者，欲以保全父母之国而完坟墓也，又言苟厚士大夫而已[⑨]。而今所欲全者将破亡之，所欲完者将毁伤之，所欲厚者将反薄之。季孟尝折愧子阳而不受其爵[⑩]，今更共陆陆[⑪]，欲往附之，将难为颜乎？若复责以重质，当安从得子主给是哉[⑫]！往时子阳独欲以王相待，而春卿拒之；今者归老，更欲低头与小儿曹共槽枥而食[⑬]，并肩侧身于怨家之朝乎？男儿溺死何伤而拘游哉[⑭]！今国家待春卿意深，宜使牛孺卿与诸耆老大人共说季孟[⑮]，若计画不从，真可引领去矣。前披舆地图，见天下郡国百有六所，奈何欲以区区二邦以当诸夏百有四乎⑯？春卿事季孟，外有君臣之义，内有朋友之道。言君臣邪，固当谏争；语朋友邪，应有切磋⑰。岂有知其无成，而但萎腇咋舌，叉手从族乎⑱？及今成计，殊尚善也；过是，欲少味矣⑲。且来君叔天下信士，朝廷重之，其意依依，常独为西州言。援商朝廷，尤欲立信于此，必不负约⑳。援不得久留，愿急赐报！”广竟不答。

---

①春卿：杨广字。 ②冀南：天水冀县。 ③表：犹标。的：射的。言嚣背叛之罪，为天下所指射。 ④王游翁：即王元，元字惠孟，游翁为其别字。 ⑤河内：大河以北之总称，时其地属于光武。 ⑥存：问也。伯春：嚣子恂字，时方为质于汉。 ⑦毁：谤伤。怨仇可刺不可毁：或系当时成语，时嚣已与援为仇，援不妨言之光武，诛其质子，然闻其家愁苦之状，不禁下泪，虽有仇恨，不忍出此。 ⑧曾、闵：孔子弟子曾参、闵子骞，皆以孝闻者。三木：刑具，械颈与手足。跳梁：犹跳跃。分羹：指乐羊事。乐羊，战国时魏将，攻中山，中山君烹其子而遗之羹，乐羊啜之尽一杯。 ⑨言但与士大夫厚相结。 ⑩愧：辱也。公孙述尝使使以大司空扶安王印绶授嚣，嚣耻为所臣，斩其使。 ⑪陆陆：犹碌碌，凡庸而无所建树之状。 ⑫言蜀若复责质子，当何从得子专主给之乎。 ⑬槽枥：饲马之具。 ⑭拘游：必拘于浮游，以冀延残喘也。 ⑮牛孺卿：嚣将牛邯。大人：谓豪杰。 ⑯二邦：指嚣与公孙述。诸夏：

犹中国也。 ⑰骨曰切，象曰磋，言朋友之道，如切磋以成器也。 ⑱委腇（wěi něi）：蓄缩貌。咋（zé）：啮也。咋舌：不言貌。叉手：不动貌。言岂可蓄缩而噤声，措手以就族灭。 ⑲言过此以往，即如食物然，味欲薄矣。 ⑳光武以嚣、述未平为忧，来歙言与嚣有旧，请往说之，嚣听歙言，遂遣子恂入质，后信王元，有贰心，故援以来君叔必不相欺为言。商：度也。

八年，帝自西征嚣，至漆①，诸将多以王师之重，不宜远入险阻，计冘豫未决②。会召援，夜至，帝大喜，引入，具以群议质之③。援因说隗嚣将帅有土崩之势，兵进有必破之状。又于帝前聚米为山谷，指画形势，开示众军所从道径往来，分析曲折，昭然可晓。帝曰："虏在吾目中矣！"明旦，遂进军。至第一④，嚣众大溃。

---

①漆：县名，汉时属右扶风。 ②冘（yóu）豫：即狐疑。 ③质：问而取决。 ④第一：故城名，在今宁夏固原市。

九年，拜①援为太中大夫，副来歙监诸将平凉州。自王莽末，西羌寇边，遂入居塞内，金城属县②，多为虏有。来歙奏言："陇西侵残，非马援莫能定。"十一年夏，玺书拜援陇西太守③。援乃发步骑三千人，击破先零羌于临洮④，斩首数百级，获马、牛、羊万余头。守塞诸羌八千余人诣援降。诸种有数万，屯聚寇钞，拒浩亹隘⑤。援与扬武将军马成击之⑥。羌因将其妻子辎重移阻于允吾谷⑦，援乃潜行间道，掩赴其营。羌大惊坏，复远徙唐翼谷中⑧，援复追讨之。羌引精兵聚北山上，援陈军向山，而分遣数百骑绕袭其后，乘夜放火，击鼓叫噪⑨，虏遂大溃，凡斩首千余级。援以兵少，不得穷追，收其谷粮畜产而还。援中矢贯胫，帝以玺书劳之，赐牛羊数千头，援尽班诸宾客。

---

①授官曰“拜”。　②金城：西汉置县，治今兰州市西北西固城。　③玺书：秦汉时诏敕之别称；盖秦以来惟天子之印章称玺，故玺书惟天子得用之。陇西、太守：皆见《光武帝纪》注。　④先零羌：汉时羌族名。临洮：汉县名，属陇西郡。⑤浩亹（gào mén）：汉县名，治今甘肃永登县。　⑥马成：字君迁。　⑦允吾谷：治今甘肃永登县。　⑧唐翼谷：在允吾谷西。　⑨噪（zào）：群呼声。

是时，朝臣以金城破羌之西①，途远多寇，议欲弃之。援上言：“破羌以西，城多完牢，易可依固；其田土肥壤②，灌溉流通，如令羌在湟中③，则为害不休，不可弃也。”帝然之，于是诏武威太守，令悉还金城客民④。归者三千余口，使各反旧邑。援奏为置长吏，缮城郭，起坞候⑤，开导水田，劝以耕牧，郡中乐业。又遣羌豪杨封譬说塞外羌，皆来和亲。又武都氐人背公孙述来降者⑥，援皆上复其侯王君长⑦，赐印绶，帝悉从之。乃罢马成军。

---

①破羌：汉县，属金城郡，故城在今青海乐都县西。 ②壤：肥也。 ③湟中：湟水左右，水经碾伯，与今甘肃之大通河合，入于黄河。 ④武威：汉郡名，今甘肃武威市。太守：指梁统。金城客民：金城民之客居武威者。 ⑤坞：小障，村落外筑土为堡，藉以保障守卫也。一曰小城。 ⑥武都：汉郡名，在今甘肃。 ⑦塞外各侯王君长，王莽时，皆贬其位号，故援皆奏复之。

十三年，武都参狼羌与塞外诸种为寇，杀长吏。援将四千余人击之，至氐道县①，羌在山上，援军据便地，夺其水草，不与战，羌遂穷困，豪帅数十万户亡出塞，诸种万余人悉降，于是陇右清静。

---

①氐道县：属陇西郡，治今甘肃礼县西北。

援务开恩信，宽以待下①，任吏以职，但总大体而已。宾客故人，日满其门。诸曹时白外事，援辄曰："此丞、掾之任②，何足相烦。颇哀老子，使得遨游。若大姓侵小民，黠羌欲旅距③，此乃太守事耳。"傍县尝有报仇者，吏民惊言羌反，百姓奔入城郭。狄道长诣门④，请闭城发兵。援时与宾客饮，大笑曰："烧虏何敢复犯我。晓狄道长归守寺舍，良怖急者，可床下伏[5]。”后稍定，郡中服之。

---

①一说，“恩”“宽”二字互讹。 ②丞：郡县之属官。掾：见前。 ③旅距：聚众抗拒。 ④狄道：县名，汉属陇西郡，今属甘肃临洮。 ⑤烧虏：烧羌也，即羌之烧当种。晓：喻也。寺舍：官舍。良：甚。

视事六年，征入为虎贲中郎将[1]。初，援在陇西上书，言宜如旧铸五铢钱[2]。事下三府[3]，三府奏以为未可许，事遂寝。及援还，从公府求得前奏，难十余条，乃随牒解释[4]，更具表言。帝从之。天下赖其便。援自还京师，数被进见。为人明须发，眉目如画，闲于进对[5]，尤善述前世行事。每言及三辅长者[6]，下至闾里少年，皆可观听。自皇太子、诸王侍闻者，莫不属[7]耳忘倦。又善兵策，帝常言“伏波[8]论兵，与我意合”，每有所谋，未尝不用。

---

①虎贲中郎将：见《马皇后纪》注。 ②五铢钱：始铸于前汉武帝时，王莽废之。 ③三府：三公之府。前汉以大司马、大司徒、大司空为三公，后汉以太尉、司徒、司空为三公。④前奏难凡十三条，援一一解之。牒：官文书名。 ⑤闲：同“娴”，熟练之意。 ⑥三辅：见前。 ⑦属（zhǔ）：有所专注之意。 ⑧援封伏波将军，事见后。

初，卷人维汜，讹言称神①，有弟子数百人，坐伏诛。后其弟子李广等宣言汜神化不死，以诳惑百姓。十七年，遂共聚会徒党，攻没皖城②，杀皖侯刘闵，自称“南岳大师”。遣谒者张宗③将兵数千人讨之，复为广所败。于是使援发诸郡兵，合万余人，击破广等，斩之。又交阯女子徵侧及女弟徵贰反，攻没其郡，九真、日南、合浦蛮夷皆应之④，寇略岭外六十余城，侧自立为王。于是玺书拜援伏波将军，以扶乐侯刘隆为副⑤，督楼船将军段志等南击交阯。军至合浦而志病卒，诏援并将其兵。遂缘海而进，随山刊道千余里⑥。十八年春，军至浪泊上，与贼战⑦，破之，斩首数千级，降者万余人。援追徵侧等至禁溪⑧，数败之，贼遂散走。明年正月，斩徵侧、徵贰，传首洛阳。封援为新息侯⑨，食邑三千户。援乃击牛酾酒⑩，劳飨军士。从容谓官属曰：“吾从弟少游常哀吾慷慨多大志，曰：‘士生一世，但取衣食裁足，乘下泽车，御款段马⑪，为郡掾史，守坟墓，乡里称善人，斯可矣。致求盈余，但自苦耳。’当吾在浪泊、西里间⑫，虏未灭之时，下潦上雾，毒气重蒸⑬，仰视飞鸢跕跕堕水中⑭，卧念少游平生时语，何可得也！今赖士大夫之力，被蒙大恩，猥先诸君纡佩金紫⑮，且喜且惭。”吏士皆伏称万岁。

---

①卷：汉县名，属河南郡。维汜（sì）：人名。讹：同“妖”。②皖：县名，汉属庐江郡，治今安徽潜山县。 ③谒者：见前。

张宗：字诸君。　④交阯：汉郡，今越南中北部。九真：汉郡，今越南之河内以南顺泰以北清华乂安等地。日南：亦汉郡，即今越南之顺化等处。合浦：亦汉郡，今属广东省。　⑤扶乐：乡名，在河南扶沟县。刘隆：字元伯。　⑥刊（kān）：除也。⑦浪泊：湖名，在越南河内，越南称为西湖，其地高。文至浪泊为句，“上”字为读。　⑧禁溪：在今越南太原省境。　⑨新息：汉县，故城在今河南息县东。　⑩釃（shī）酒：以筐漉酒也。　⑪下泽车：利于行泽之短毂车。款：缓也；款段马：谓形段迟缓之马也。　⑫西里：地名，援车即自此进屯浪泊。⑬重蒸：言下潦上雾两重相蒸。　⑭鸢：鸱也。跕跕（dié）：堕貌。　⑮猥：助词，有“乃”字意。纡（yū）：萦绕之意。金紫：金印紫绶。

援将楼船大小二千余艘，战士二万余人，进击九真贼徵侧余党都羊等，自无功至居风①，斩获五千余人，峤南悉平②。援奏言：“西于县户有三万二千，远界去庭千余里③，请分为封溪、望海二县。”许之。援所过，辄为郡县治城郭，穿渠灌溉，以利其民。条奏越律与汉律驳者十余事④，与越人申明旧制以约束之，自后骆越⑤奉行马将军故事。

---

①无功、居风：汉二县，皆属九真郡。　②峤（qiáo）：岭峤也，山锐而高之称。峤南：犹岭南。　③西于县：属交阯郡。庭：县庭。　④驳：乖舛。　⑤骆越：骆为越别名。

二十年秋，振旅还京师，军吏经瘴疫死者十四五。赐援兵车一乘，朝见，位次九卿[①]。援好骑，善别名马，于交阯得骆越铜鼓[②]，乃铸为马式，还上之。因表曰："夫行天莫如龙，行地莫如马。马者，甲兵之本，国之大用。安宁则以别尊卑之序，有变则以济远近之难。昔有骐骥，一日千里，伯乐[③]见之，昭然不惑。近世有西河子舆[④]，亦明相法。子舆传西河仪长孺，长孺传茂陵丁君都[⑤]，君都传成纪杨子阿[⑥]，臣援尝师事子阿，受相马骨法。考之于行事，辄有验效。臣愚以为传闻不如亲见，视景不如察形。今欲形之于生马，则骨法难备具，又不可传之于后。孝武皇帝时，善相马者东门京[⑦]铸作铜马法献之，有诏立马于鲁班门外，则更名鲁班门曰金马门。臣谨依仪氏羁，中帛氏口齿，谢氏唇鬐，丁氏身中[⑧]，备此数家骨相以为法。"马高三尺五寸，围四尺五寸，有诏置于宣德殿下，以为名马式焉。

---

①九卿：汉为太常、光录勋、卫尉、太仆、廷尉、大鸿胪、宗正、大司农、少府。 ②越人铸铜为鼓，以高大者为贵，面阔丈余。 ③伯乐：姓孙，名阳，周之善相马者。 ④西河：今陕西大荔县。子舆：不详。 ⑤茂陵：汉县，在今陕西兴平市东北。 ⑥成纪：汉县，在今甘肃秦安县北。 ⑦东门京：姓东门，名京。 ⑧帛氏、谢氏：亦善相马者，名不详。羁（jī）：马络头。羁中：马头颈部。身中：马腹部。

初，援军还，将至，故人多迎劳之。平陵人孟冀①，名有计谋，于坐贺援。援谓之曰："吾望子有善言，反同众人邪？昔伏波将军路博德开置七郡②，裁封数百户；今我微劳，猥飨大县，功薄赏厚，何以能长久乎？先生奚用相济③？"冀曰："愚不及。"援曰："方今匈奴、乌桓尚扰北边④，欲自请击之。男儿要当死于边野，以马革裹尸还葬耳，何能卧床上在儿女子手中邪！"冀曰："谅为烈士，当如此矣⑤。"还月余，会匈奴、乌桓寇扶风，援以三辅侵扰，园陵危逼⑥，因请行，许之。自九月至京师，十二月复出屯襄国⑦。诏百官祖道⑧。援谓黄门郎梁松、窦固⑨曰："凡人为贵，当使可贱，如卿等欲不可复贱，居高坚自持，勉思鄙言。"松后果以贵满致灾，固亦几不免⑩。

---

①平陵：汉县名，故城在今陕西咸阳市西北。　②路博德：前汉时人，从霍去病出征，以功封侯，去病殁，为伏波将军，伐破南越，以为南海、苍梧、郁林、合浦、交阯、九真、日南、朱崖、儋耳九郡，后朱崖、儋耳二郡皆罢，于是惯称南海七郡，故援亦言七郡。　③用：以也。济：益也。言先生以何相补益。　④匈奴：北狄之一族，曾领有今蒙古国及我国内蒙古之地，汉初最强，旋分为南北，南匈奴归汉，北匈奴为后汉窦宪所破，远走西方。乌桓：部落名，东胡别种，汉初，匈奴灭其国，后又繁盛，遂迫今河北山西边外，至东汉末，曹操破之，其势

始衰。　⑤谅：信也，言信欲为烈士，当如此也。　⑥扶风为三辅之一，三辅近长安，而前汉诸帝陵寝皆在长安，故其地侵扰，则园陵危逼。　⑦襄国：汉县，故城在今河北邢台市西南。　⑧祖道：祭路神也，即饯行。　⑨黄门郎：即黄门侍郎，见《马皇后纪》注。梁松、窦固：亦见《马皇后纪》注。⑩梁松于明帝时，以罪免官怨望，卒以诽谤下狱死。窦、固于明帝时，坐从兄穆有罪，废于家者十余年。

明年秋，援乃将三千骑出高柳，行雁门、代郡、上谷障塞①。乌桓候者见汉军至，虏遂散去，援无所得而还。援尝有疾，梁松来候之，独拜床下，援不答。松去后，诸子问曰："梁伯孙帝婿②，贵重朝廷，公卿已下，莫不惮之，大人奈何独不为礼？"援曰："我乃松父友也③。虽贵，何得失其序乎④？"松由是恨之。

---

①高柳：汉县名，故城在今山西阳高县东。雁门：秦为郡，治今山西右玉县南。代郡：秦置郡，光武时，属幽州，高柳即其属县。上谷：秦置郡，辖境相当于今河北西北部地区。　②松娶光武女舞阴公主，故曰帝婿。　③松父：名统。　④序：尊卑之序。

二十四年，武威将军刘尚击武陵五溪蛮夷①，深入，军没，援因复请行。时年六十二，帝愍其老，未许之。援自请曰："臣尚能披甲上马。"帝令试之。援据鞍顾眄②，以示可用。帝笑曰："矍铄哉是翁也③！"遂遣援率中郎将马武、耿舒、刘匡、孙永等将十二郡募士及驰刑四万余人征五溪④。援夜与送者诀，谓友人谒者杜愔曰："吾受厚恩，年迫余日索⑤，常恐不得死国事。今获所愿，甘心瞑目，但畏长者家儿或在左右，或与从事⑥，殊难得调⑦，介介独恶是耳⑧！"

---

①武陵：汉郡，今湖南常德一带地。五溪蛮：见《马皇后纪》注。 ②眄（miǎn）：邪视也。 ③矍铄：勇貌。 ④中郎将：见《马皇后纪》"虎贲中郎将"注。马武：字子张。耿舒：耿弇弟，字不详。刘匡、孙永：皆不详。募士：招募之兵士。驰：同"弛"，驰刑：罪徒之充兵役者。 ⑤索：尽。 ⑥长者家儿：谓权要子弟在左右者，如梁松、窦固居近要之地。与从事者，如耿舒之难共事。 ⑦调：和。 ⑧介介：犹耿耿，不安貌。

明年春，军至临乡①，遇贼攻县，援迎击，破之，斩获二千余人，皆散走入竹林中。初，军次下隽，有两道可入，从壶头则路近而水崄，从充则途夷而运远②，帝初以为疑。及军至，耿舒欲从充道，援以为弃日费粮，不如进壶头，搤③其喉咽，充贼自破。以事上之，帝从援策。三月，进营壶头。贼乘高守隘，水疾，船不得上。会暑甚，士卒多疫死，援亦中病，遂困，乃穿岸为室，以避炎气。贼每升险鼓噪，援辄曳足以观之，左右哀其壮意，莫不为之流涕。耿舒与兄好畤侯弇[④]书曰："前舒上书，当先击充，粮虽难运，而兵马得用，军人数万，争欲先奋。今壶头竟不得进，大众怫郁行死[⑤]，诚可痛惜！前到临乡，贼无故自致[⑥]，若夜击之，即可殄灭。伏波类西域贾胡，到一处辄止[⑦]，以是失利。今果疾疫，皆如舒言。"弇得书，奏之。帝乃使虎贲中郎将梁松乘驿责问援，因代监军。会援病卒，松宿怀不平，遂因事陷之[⑧]。帝大怒，追收援新息侯印绶。

---

①临乡：在今湖南常德市西南七十里。　②下隽：汉县，故城在今湖南沅陵县东北。壶头：山名，在湖南桃源县西二百里。充：汉县，属武陵郡。夷：平也。　③搤：持也。　④好畤：汉县名，故城在今陕西乾县东南。弇：字伯昭。　⑤怫（fú）郁行死：行将愤懑而死。　⑥致：同"至"。　⑦谓似西域胡人之为商者，所至之处，辄停留。　⑧宿怀不平：如祖道尽言，戒兄子书之波累，拜候不答礼等皆是也。事：即指下文薏苡之载还。

初，兄子严、敦并喜讥议，而通轻侠客[①]。援前在交阯，还书诫之曰："吾欲汝曹闻人过失，如闻父母之名，耳可得闻，口不可得言也。好论议人长短，妄是非正法[②]，此吾所大恶也，宁死不愿闻子孙有此行也。汝曹知吾恶之甚矣，所以复言者，施衿结褵，申父母之戒③，欲使汝曹不忘之耳。龙伯高敦厚周慎，口无择言④，谦约节俭，廉公有威，吾爱之重之，愿汝曹效之。杜季良豪侠好义，忧人之忧，乐人之乐，清浊无所失⑤，父丧致客，数郡毕至，吾爱之重之，不愿汝曹效也。效伯高不得，犹为谨敕之士⑥，所谓刻鹄不成尚类鹜者也⑦。效季良不得，陷为天下轻薄子，所谓画虎不成反类狗者也。讫今季良尚未可知，郡将下车辄切齿⑧，州郡以为言，吾常为寒心，是以不愿子孙效也。”季良名保，京兆人，时为越骑司马⑨。保仇人上书讼保：“为行浮薄⑩，乱群惑众，伏波将军万里还书以诫兄子，而梁松、窦固以之交结⑪，将扇其轻伪，败乱诸夏。”书奏，帝召责松、固，以讼书及援诫书示之，松、固叩头流血，而得不罪。诏免保官。伯高名述，亦京兆人，为山都长⑫，由此擢拜零陵太守⑬。

---

①“兄子”上一说当有“援”字。严、敦：皆援兄余之子。通轻侠客：谓与轻浮游侠之客相交通。　②正：与“政”通；是非正法：谓讥刺时政。　③施：加也。缨带曰“衿”，带结而垂曰“褵”。施衿结褵：皆女子嫁时之事。申：重言以明之。父母之戒：谓女子嫁时父母之告诫。　④口无择言：谓言不择而自善。⑤清浊无所失：谓无贤不肖，皆待之如一也。　⑥敕：亦谨也。⑦鹄：鸟名，似雁。鹜（wù）：鸭子。鹄与鹜相类。　⑧下车：官初莅任也。切齿：齿相磨切，恨怒貌。　⑨越骑司马：

官名，秩千石。 ⑩为行：犹“行为”。 ⑪以：与也。 ⑫山都：秦县，在今湖北襄阳市。 ⑬擢（zhuó）：升官。零陵：后汉置郡，郡故城在今湖南永州市北。

初，援在交阯，常饵薏苡实，用能轻身省欲，以胜瘴气①。南方薏苡实大，援欲以为种，军还，载之一车。时人以为南土珍怪，权贵皆望之②。援时方有宠，故莫以闻。及卒后，有上书谮③之者，以为前所载还，皆明珠文犀④。马武与於陵侯侯昱等⑤皆以章言其状，帝益怒。援妻孥惶惧，不敢以丧还旧茔，裁买城西数亩地槀葬而已⑥。宾客故人莫敢吊会。严与援妻子草索相连，诣阙请罪。帝乃出松书以示之，方知所坐，上书诉冤，前后六上，辞甚哀切，然后得葬。

---

①饵：服食。薏苡（yì yǐ）：草本植物，实椭圆，仁白色，俗称苡米，主治风湿痹等疾，久服，能轻身益气。 ②望：觊觎之意。 ③谮（zèn）：诬之。 ④文犀：犀之有文彩者。 ⑤於陵：汉县，故城在今山东邹平县西。侯昱：大司徒侯霸之子。 ⑥槀葬：草草掩埋，谓一时不得归旧茔，权葬其地。

又前云阳令同郡朱勃①诣阙上书曰：“臣闻王德圣政，不忘人之功，采其一美，不求备于众②。故高祖赦蒯通，而以王礼葬田横，大臣旷然，咸不自疑③。夫大将在外，谗言在内，微过辄记，大功不计，诚为国之所慎也。故章邯畏口而奔楚，燕将据聊而不下。岂其甘心末规哉，悼巧言之伤类也④。窃见故伏波将军新息侯马援，拔自西州，钦慕圣义，间关险难，触冒万死，孤立群贵之间，傍无一言之佐，驰深渊，入虎口，岂顾计哉⑤！宁自知当要七郡之使，徼封侯之福邪⑥？八年，车驾西讨隗嚣，国计狐疑，众营未集，援建宜进之策，卒破西州。及吴汉⑦下陇，冀路断隔，惟独狄道为国坚守，士民饥困，寄命漏刻。援奉诏西使，镇慰边众，乃招集豪杰，晓诱羌戎，谋如涌泉，势如转规⑧，遂救倒县之急，存几亡之城，兵全师进，因粮敌人，陇、冀略平，而独守空郡，兵动有功，师进辄克。铢锄先零，缘入山谷，猛怒力战，飞矢贯胫。又出征交阯，土多瘴气，援与妻子生诀，无悔吝之心⑨，遂斩灭徵侧，克平一州⑩。间复南讨，立陷临乡，师已有业⑪，未竟而死，吏士虽疫，援不独存。夫战或以久而立功，或以速而致败，深入未必为得，不进未必为非。人情岂乐久屯绝地，不生归哉！惟援得事朝廷二十二年，北出塞漠，南度江海，触冒害气，僵死军事，名灭爵绝，国土不传。海内不知其过，众庶未闻其毁，卒遇三夫之言⑫，横被诬罔之谗，家属杜门⑬，葬不归墓，怨隙并兴，宗亲怖栗。死者不能自列⑭，生者莫为之讼，臣窃伤之。夫明主醲于用赏，约于用刑⑮。高祖尝与陈平金四万斤以间楚军，不问出入所为，岂复疑以钱谷间哉？夫操孔父之忠而不能自免于谗，此邹阳之所悲也⑯。《诗》云："取彼谗人，投畀豺虎。豺虎不食，投畀有北。有北不受，投畀有昊。”⑰此言欲令上天而平其恶。惟陛下留思竖儒之言⑱，无使功臣怀恨黄泉。臣闻《春秋》之义，罪以功除⑲；圣王之祀，臣有五义⑳。若援，所谓以死勤事者也。愿下公卿平援功罪，宜绝宜续，以厌海内之望！臣年已六十，常㉑伏田里，窃感栾布哭彭越之义㉒，冒陈悲愤，战栗阙庭。”书奏，报，归田里㉓。勃，字叔阳，年十二能诵《诗》《书》。常候援兄况。勃衣方领，能矩步㉔。辞言娴雅㉕，援裁知书，见之自失。况知其意，乃自酌酒慰援曰：“朱勃小器速成，智尽此耳，卒当从汝禀学㉖，勿畏也。”朱勃未二十，右扶风请试守渭城宰㉗，及援为将军，封侯，而勃位不过县令。援后虽贵，常待以旧恩而卑侮之，勃愈身自亲。及援遇谗，唯勃能终焉。肃宗即位，追赐勃子谷二千斛㉘。

---

①云阳：秦县，在今陕西淳化县西北。令：一县之长。同郡：与援同里。　②不求备于众：不以众美求备于一人。　③蒯通说韩信背汉，高祖征通至，释不诛。田横初自称齐王，汉定天下，横犹以五百人保于海岛，高祖征之，横行，中途自杀，高祖以王礼葬之。旷然：无所疑畏貌。　④章邯为秦将，赵高用事于朝，邯畏其谗口，遂降项羽。燕将故下聊城，人或谗之于燕，燕将惧诛，因据守聊城，不敢归。聊：即聊城，在今山东。末规：犹下策。巧言：文饰不实之言。类：善类。　⑤间关：状道路之艰苦。深渊、虎口：喻援为隗嚣送质子至汉，嚣忽背叛，则援之在

汉，无异落入虎口。　⑥援奉使于外，凡历郡七。徼（yāo）：要求也。　⑦吴汉：字子颜，中兴功臣之一。　⑧转规：犹转圜，取其势之顺。圜：同“圆”。　⑨吝：恨。　⑩一州：指交州。援讨徼侧，所平之地，皆属交州。　⑪已有业：谓已有功业。　⑫卒（cù）：仓猝。三夫：犹三人，战国时，庞葱与魏太子质于邯郸，葱谓魏王曰：“今一人言市有虎，王信乎？”王曰：“否。”“二人言，信乎？”王曰：“否。”“三人言，信乎？”曰：“信矣。”葱曰：“市明无虎，然三人言则信，今邯郸去魏远于市，而谤臣者不止三人，愿王熟察之！”　⑬杜：闭塞也；杜门：犹闭门。　⑭自列：犹自陈。　⑮约：省约。⑯鲁听季孙之说而逐孔子，宋信子罕之计而囚墨翟，为邹阳《上梁孝王书》中语，故一说，文中孔父二字，专指孔子，疑当作“孔墨”。　⑰《诗·小雅·巷伯》篇语。畀：与也。有：语助词。北：北方寒凉而不毛。昊：昊天。言投与昊天制其罚。　⑱竖儒：朱勃自指，言童竖无知。　⑲罪以功除：言虽有罪可以功相抵也，如《公羊传》记齐灭项，不言齐灭，即以齐桓公有继绝存亡之功，而为之讳。　⑳五义：谓圣王制祀，一祀法施于人者，二祀以死勤事者，三祀以劳定国者，四祀能御大灾者，五祀能捍大患者。　㉑常伏田里之“常”字，案下文报归田里，则其上书之时，尚未归田里可知，故常字当为“当”之误。　㉒彭越为梁王，以谋反枭首，高祖诏有收视者捕之，栾布为梁使于齐，还，独奏事越头下，祠而哭之。　㉓报：光武报许之，谓不以其讼援为罪也。归田里：言勃得报而归。　㉔方领：正方之衣领，儒者之服也。矩步：回旋皆中规矩也。　㉕娴雅：犹沉静。㉖禀：受。　㉗试守者，试守一岁，称职，乃为真，食全俸。渭城：汉县，故城在今陕西西安市东。　㉘肃宗以勃讼援，有烈士风，故赐其子谷以旌之。

初，援兄子婿王磐子石①，王莽从兄平阿侯仁之子也②。莽败，磐拥富赀居故国，为人尚气节而爱士好施，有名江淮间。后游京师，与卫尉阴兴，大司空朱浮、齐王章共相友善③。援谓姊子曹训曰："王氏，废姓也。子石当屏居自守，而反游京师长者④，用气自行，多所陵折，其败必也。"后岁余，磐果与司隶校尉苏鄴、丁鸿事相连，坐死洛阳狱⑤。而磐子肃复出入北宫⑥及王侯邸第。援谓司马吕种⑦曰："建武之元，名为天下重开⑧。自今以往，海内日当安耳。但忧国家诸子并壮，而旧防未立⑨，若多通宾客，则大狱起矣。卿曹戒慎之！"及郭后薨，有上书者，以为肃等受诛之家，客因事生乱，虑致贯高、任章之变⑩。帝怒，乃下郡县收捕诸王宾客，更相牵引，死者以千数。吕种亦豫其祸，临命叹曰："马将军诚神人也！"

---

①王磐子石：王磐，字子石。　②平阿：前汉侯国，后汉置县，故城在今安徽怀远县西南。　③卫尉：官名，九卿之一，掌门卫屯兵。阴兴：字君陵，光武阴后弟。朱浮：字叔元。章：光武兄缜长子，始为太原王，后封齐王。　④长者：谓诸贵戚。　⑤司隶校尉：官名，前汉武帝置，后权大重，任纠察之责。苏邺以光武二十二年下狱死，所犯何罪不详。丁鸿当与邺

同一事也。　⑥北宫：帝宫之在北者。　⑦司马：官名，援之行军司马也。　⑧光武中兴，建元建武。　⑨旧防：诸侯王子不许交通宾客。　⑩客：当为“容”之讹，谓容有乱事也。张耳子张敖封赵王，高祖不为礼，赵相贯高耻之，谋害高祖；任章父宣，霍氏女婿，宣帝时，霍氏坐谋反诛，章欲为逆，事觉，见诛；皆前汉事。

永平初①，援女立为皇后，显宗图画建武中名臣、列将于云台②，以椒房故③，独不及援。东平王苍④观图，言于帝曰：“何故不画伏波将军像？”帝笑而不言。至十七年，援夫人卒，乃更修封树，起祠堂。建初三年⑤，肃宗使五官中郎将⑥持节追策，谥援曰忠成侯。四子：廖、防、光、客卿。客卿幼而歧嶷⑦，年六岁，能应接诸公，专对宾客。尝有死罪亡命者来过，客卿逃匿不令人知。外若讷而内沉敏。援甚奇之，以为将相器，故以客卿字焉⑧。援卒后，客卿亦夭没。

---

①永平：明帝年号。　②云台：在南宫。　③椒房：本殿名，在未央宫，以其为皇后所居，故称皇后为椒房。　④东平：汉国名，今为县，属山东省。苍：光武之子。　⑤建初：章帝年号。　⑥五官中郎将：汉官名，中郎有五官、左、右三将。　⑦嶷（nì）：歧嶷，挺拔异常貌。　⑧战国时，张仪、虞卿并为客卿，故取名焉。

郑玄传

郑玄，字康成，北海高密人也[①]。八世祖崇，哀帝时尚书仆射[②]。玄少为乡啬夫[③]，得休归，常诣学官[④]，不乐为吏，父数怒之，不能禁。遂造太学[⑤]受业，师事京兆第五元[⑥]，先始通《京氏易》《公羊春秋》《三统历》《九章算术》[⑦]。又从东郡张恭祖受《周官礼记》《左氏春秋》《韩诗》《古文尚书》[⑧]。以山东[⑨]无足问者，乃西入关，因涿郡卢植，事扶风马融[⑩]。融门徒四百余人，升堂进者五十余生。融素骄贵，玄在门下，三年不得见，乃使高业弟子传授于玄。玄日夜寻诵，未尝怠倦。会融集诸生考论图纬[⑪]，闻玄善算，乃召见于楼上。玄因从质诸疑义[⑫]，问毕辞归。融喟然谓门人曰："郑生今去，吾道东矣！"

---

①北海：汉郡，治营陵县（今山东昌乐县东南）。辖境相当今山东潍坊、青州、临朐、昌乐、昌邑、寿光、广饶等市、县地。高密：见《光武帝纪》注。　②崇：字子游，直谏不阿，后下狱死。哀帝：前汉帝，名欣，嗣成帝即帝位。尚书仆射：汉置官，督尚书曹郎理事，尚书之长为尚书令，尚书仆射其贰也，参阅下《胡广传》"尚书"注。　③乡啬夫：乡之啬夫官也，掌

听讼收赋税。　④学官：学校之官舍。　⑤太学：汉时最高之学校，立于京师。　⑥京兆：地名，汉三辅之一，今陕西西安以东至华县之地。第五元：姓第五，名元，尝为兖州刺史。　⑦一本无“始”字。《京氏易》：《易》之为京房所治者。房，字君明，前汉人，治《易》甚精。《公羊春秋》：周公羊高所传之春秋，即今《公羊传》。《三统历》：前汉刘歆所作。周公旦制礼有《九数》，即《九章》，一方田，二粟米，三差分，四少广，五商功，六均输，七方程，八赢不足，九旁要。《算术》起于商高。　⑧东郡：郡名，秦取魏地而置，汉属兖州，治今河南濮阳市。《周官礼记》：即今《周礼》。《左氏春秋》：即今《左传》。前汉韩婴，推诗人之言，作《内外传》数万言，是即《韩诗》，今所存惟《外传》十卷，乃杂引古事古经，证以诗词，非说《经》之书也。《古文尚书》：汉鲁共王坏孔子宅，得于壁中，皆科斗古文，后人多议其伪。　⑨山东：指崤、函之东；一说，太行山以东为山东。　⑩涿郡：汉郡名，治今河北涿州。庐植：字子干，少师事马融，通古今学。扶风：见《马援传》注。马融：字季长，才高学博，为世通儒。　⑪图纬：占验术数之学。　⑫质：问而正之。

玄自游学，十余年乃归乡里。家贫，客耕东莱①，学徒相随已数百千人。及党事起，乃与同郡孙嵩等四十余人俱被禁锢②，遂隐修经业，杜门不出。时任城何休③好公羊学，遂著《公羊墨守》《左氏膏肓》《穀梁废疾》④；玄乃发《墨守》，针《膏肓》，起《废疾》⑤。休见而叹曰：“康成入吾室，操吾矛，以伐我乎⑥！”初，中兴之后，范升、陈元、李育、贾逵之徒，争论古今学⑦，后马融答北地太守⑧刘瓌及玄答何休，义据通深，由是古学遂明。

---

①东莱：汉郡，治今山东莱州。　②桓帝时，宦官势盛，士大夫李膺等抨击之，会河内张成善说风角，推占当赦，教子杀人，时膺为河南尹，收捕杀之，成本与宦官交通，其弟子牢修遂上书诬告膺等与太学游士为朋党，诽谤朝廷，辞连数百人，皆禁锢终身。孙嵩：字宾实。　③任城：汉县，即今山东济宁市。何休：字邵公。　④《公羊墨守》：言其书义理深远，不可驳难，如墨翟之守城。《左氏膏肓》：心下为膏。肓（huāng）：心下鬲上。病入膏肓，药力不能及。喻左丘明之《左氏春秋》，疾不可为也。穀梁：即指周穀梁赤所著之《穀梁传》。言《春秋》者左氏为一派，公羊穀梁为一派，何氏好公羊，辟左、穀，故其说有偏袒也。　⑤发《墨守》、针《膏肓》、起《废疾》，皆玄辟何说之著作。　⑥郑玄始通公羊，故休谓为入室操矛。　⑦范升：字辩卿。陈元：字长生。李育：字元春。贾逵：字景伯。古学谓《左氏春秋》，今学则公、穀二家。升、育主公羊，元、逵主左氏。　⑧北地、太守：皆见《光武帝纪》注。

灵帝末，党禁解，大将军何进闻而辟之①。州郡以进权戚，不敢违意，遂迫胁玄，不得已而诣之。进为设几杖，礼待甚优[2]。玄不受朝服，而以幅巾见[3]。一宿逃去。时年六十，弟子河内赵商等[4]自远方至者数千。后将军袁隗表为侍中[5]，以父丧不行。国相孔融深敬于玄，屣履造门[6]。告高密县为玄特立一乡，曰："昔齐置'士乡'，越有'君子军'，皆异贤之意也[7]。郑君好学，实怀明德。昔太史公、廷尉吴公、谒者仆射邓公，皆汉之名臣[8]。又南山四皓有园公、夏黄公[9]，潜光隐耀，世嘉其高，皆悉称公。然则公者仁德之正号，不必三事大夫也[10]。今郑君乡宜曰'郑公乡'。昔东海于公仅有一节，犹或戒乡人侈其门闾[11]，矧乃郑公之德，而无驷牡之路[12]！可广开门衢，令容高车，号为'通德门'。"董卓迁都长安[13]，公卿举玄为赵相，道断不至。会黄巾寇青部，乃避地徐州[14]，徐州牧陶谦[15]接以师友之礼。建安元年[16]，自徐州还高密，道遇黄巾贼数万人，见玄皆拜，相约不敢入县境。

---

①灵帝：名宏，肃宗玄孙。桓帝崩，无子，宏遂得立。灵帝季年，黄巾军起，宦官吕强言于帝，恐党人与黄巾谋，其患不可救，帝惧，乃大赦天下党人，而党禁解。大将军：后汉时权位最尊之官，位三公上。何进：字遂高，妹为灵帝后。辟：征召。

②古大臣年老致事，若不听，则必赐之几杖，或谋于长者，亦必操几杖以从之，所以尽敬老之礼也。　③幅巾：谓不加冠帻，但幅巾束首，民庶之饰也。　④河内：汉郡，前河南河北道之大部分地，与《马援传》之河内异。赵商，字子声。　⑤后将

军：汉官，位次上卿，此外尚有前将军，左将军，右将军，位皆同后将军，典京师兵卫，四夷屯警。袁隗：字次阳。侍中：汉为加官，分掌乘舆服物，与中官俱止于禁中。　⑥孔融：字文举，为北海相。屣（xǐ）履：纳屦未正，曳之而行也。　⑦春秋时，管仲相齐桓公，制国为二十一乡，工商乡六，士乡十五，以居工商士。吴越相攻，越王勾践中分其师为左右军，以其私卒君子六千人为中军；君子，为王所亲近，有至行者。异贤：特异贤人之意。　⑧太史公：司马迁父，名谈，为前汉太史令。廷尉：秦置官，掌刑狱。吴公：前汉文帝时，为河南太守，治平称天下第一，征为廷尉。谒者仆射：见《光武帝纪》“谒者”注。邓公为谒者仆射，在前汉景帝时。　⑨南山：一名秦岭，今自甘肃通陕西至河南陕县以南诸山皆是；其脉为商山，在陕西商县东，即四皓隐居地。四皓为东园公、夏黄公、甪里先生、绮里季，避秦乱，隐南山，汉兴，迎致之，皆须眉皓白，故称四皓。⑩三事：三公之概称，参阅《马援传》“三府”注。　⑪东海：汉置郡，今山东兖州东南至江苏邳州，东至海皆是。于公为县狱史，决狱平，郡为生立祠号曰于公祠。一节：即谓决狱。先是于公闾门坏，修治时，公令高大之，得容驷马高盖车，言我多阴德，后必有兴者，后其子定国果贵显。侈：大也。　⑫驷牡：驾车之驷马也。　⑬董卓：字仲颖，灵帝崩，以并州牧领兵入诛宦官，弑少帝，立献帝，专权自恣，诸郡举义兵，同盟讨卓，卓惧，遂挟献帝迁都长安。长安：前汉所都，故城在今陕西西安长安区西北。　⑭黄巾：后汉末年之农民起义军，皆着黄巾，故名。首领名张角，太平道创立者，以“苍天已死，黄天当立”口号号召徒众，，众至数十万。青部：谓汉所置青州各属地。徐州：见《齐武王縯传》注。　⑮牧：州牧，汉置官，权如清之督抚。陶谦：字恭祖。　⑯建安：东汉末帝献帝年号。

玄后尝疾笃，自虑①，以书戒子益恩曰：“吾家旧贫，不为父母群弟所容，去厮役之吏，游学周、秦之都，往来幽、并、兖、豫之域，获觐乎在位通人，处逸大儒，得意者咸从捧手，有所受焉②。遂博稽《六艺》③，粗览传记，时睹秘书纬术之奥。年过四十，乃归供养，假田播殖，以娱朝夕。遇阉尹④擅势，坐党禁锢，十有四年，而蒙赦令，举贤良方正有道，辟大将军三司府。公车再召⑤，比牒并名，早为宰相⑥。惟彼数公，懿德大雅，克堪王臣，故宜式序⑦。吾自忖度，无任于此⑧，但念述先圣之元意⑨，思整百家之不齐，亦庶几以竭吾才，故闻命罔从。而黄巾为害，萍浮南北⑩，复归邦乡。入此岁来，已七十矣。宿素衰落，仍有失误⑪，案之礼典，便合传家⑫。今我告尔以老，归尔以事，将闲居以安性，覃思⑬以终业。自非拜国君之命，问族亲之忧，展敬坟墓，观省野物，胡尝扶杖出门乎！家事大小，汝一承之。咨尔茕茕一夫，曾无同生相依⑭。其勖求君子之道，研钻勿替⑮，敬慎威仪，以近有德⑯。显誉成于僚友，德行立于己志。若致声称，亦有荣于所生，可不深念邪！可不深念邪！吾虽无绂冕之绪，颇有让爵之高⑰。自乐以论赞之功⑱，庶不遗后人之羞，末所愤愤者，徒以亡亲坟垄未成，所好群书率皆腐敝，不得于礼堂写定，传与其人⑲。日西方暮，其可图乎⑳！家今差多于昔，勤力务时，无恤饥寒㉑。菲饮食㉒，薄衣服，节夫二者，尚令吾寡恨。若忽忘不识，亦已焉哉！”

---

①自虑：自虑不起也。　②不为父母群弟所容：言家贫而父母昆弟力薄，不能并容，为吏又非所乐，乃发愤游学。厮：贱也。周、秦之都：谓关中也，周都镐，秦都咸阳，皆在关中。幽、并、兖、豫，四州名。汉时，幽州为今河北、辽宁及朝鲜一带地；并州为今山西一带地；兖州地跨今山东、河南及河北；豫州为今河南，跨及江苏。处逸大儒：谓自处隐逸之大儒。捧手：谓受业有疑，捧手问之。　③六艺：即六经，《诗》《书》《易》《春秋》《礼》《乐》也，非《周官》所述之六艺。　④阉尹：指宦官，男子去势曰阉，宦官皆去势者充之。　⑤贤良方正及有道，皆科目之名。三司：见《马援传》注。公车：署名。公车所在，令一人，秩六百石，掌殿门，诸上书诣阙下者，皆集奏之，凡所征召，亦总领之，参阅《马援传》“待诏”注。⑥比牒：犹连牒；并名：谓齐名。言连牒齐名被征举者，皆早为宰相也。　⑦懿：美也。雅：正也。式：用也。序：列也。⑧无任于此：犹言于此不胜任也。　⑨元：与“原”通。⑩萍浮：萍生水上，根无所据，随风漂浮，不有定所，故取以为譬也。　⑪宿素：平素也。言平素衰落，至今仍有失误。⑫传家：以家事传子孙。《礼·曲礼》：“七十曰老而传。”⑬覃思：犹深思。　⑭咨：嗟。茕茕：单独无所依貌。一夫：

一人。同生：同怀兄弟。　⑮勖：勉。替：废。　⑯敬慎二句，《诗·大雅·民劳》篇语。　⑰绂（fú）：丝绳之系印环者。冕：大夫之冠。绪：业也。让爵之高：谓频被辟不就。⑱论赞：讨论赞助也。　⑲其人：谓好学者。　⑳日西方暮：喻年老不能久存。图：谋。　㉑家今差多于昔：谓家境较昔稍裕也。务时：及时努力之意。恤：顾虑也。　㉒菲：薄也。

时大将军袁绍总兵冀州①，遣使要玄，大会宾客，玄最后至，乃延升上坐。身长八尺，饮酒一斛，秀眉明目，容仪温伟。绍客多豪俊，并有才说，见玄儒者，未以通人许之，竞设异端，百家互起。玄依方辩对，咸出问表，皆得所未闻，莫不嗟服。时汝南应劭亦归于绍②，因自赞曰："故太山太守应中远③，北面称弟子，何如？"玄笑曰："仲尼之门，考以四科，回、赐之徒，不称官阀④。"劭有惭色。绍乃举玄茂才⑤，表为左中郎将⑥，皆不就。公车征为大司农⑦，给安车一乘⑧，所过长吏送迎。玄乃以病自乞还家。

---

①袁绍：字本初，献帝建安二年拜为大将军，兼督冀、青、幽、并四州。冀州，今河北、山西、河南一带地。　②汝南：汉郡，今河南、安徽两省中皆有地属之。应劭笃学博览，时为袁绍军谋校尉。　③太山：汉置郡，今山东一带地。太守：见《光武帝纪》注。中：读如"仲"；中远：劭字。劭曾为太山太

守，故称故。　④仲尼门弟子，各有所长，因以德行、言语、政事、文学四科分之。回：颜回，字子渊，列德行科。赐：端木赐，字子贡，列言语科。官阀：官阶。　⑤茂才：科目名。本名秀才，以光武名秀，避讳改茂才。　⑥左中郎将：左署中郎将也，中郎将为秦置官，汉因之，领五官署左署右署三署郎，位次将军。　⑦大司农：掌钱谷之事，汉九卿之一。　⑧安车：坐乘之车，盖古者乘四马之车，立乘，优老尊贤，则用一马小车而坐乘之。

五年春，梦孔子告之曰："起，起，今年岁在辰，来年岁在巳。"既寤，以谶合之，知命当终①。有顷，寝疾。时袁绍与曹操相拒于官度②，令其子谭遣使逼玄随军，不得已，载病到元城县③，疾笃不进，其年六月卒，年七十四。遗令薄葬。自郡守以下尝受业者，缞绖④赴会千余人。门人相与撰玄答诸弟子问《五经》⑤，依《论语》作《郑志》八篇。凡玄所注《周易》《尚书》《毛诗》《仪礼》《礼记》《论语》《孝经》《尚书大传》⑥《中候》⑦《乾象历》⑧，又著《天文七政论》⑨《鲁礼禘祫义》⑩《六艺论》《毛诗谱》《驳许慎五经异义》⑪《答临孝存周礼难》⑫，凡百余万言。玄质于辞训，通人颇讥其繁。至于经传洽孰，称为纯儒，齐、鲁间宗之。其门人山阳郗虑至御史大夫⑬，东莱王基、清河崔琰著名于世⑭。又乐安国渊、任嘏，时并童幼，玄称渊为国器，嘏有道德⑮，其余亦多所鉴拔，皆如其言。

①谶：兆也，如预言之类。谶语云：“辰为龙，巳为蛇，岁至龙蛇贤人嗟。”玄闻孔子语，以此合之，以为命当终也。
②曹操：字孟德，即魏武帝，其子文帝丕，遂篡汉为魏。官度：津名，在今河南中牟县北。 ③元城县：汉置县，今废并河北大名。 ④缞绖（cuī dié）：丧服。 ⑤《易》《诗》《书》《礼》《春秋》为五经。 ⑥《尚书大传》：济南伏生之徒张生、欧阳生等所撰。前汉刘向得而上之，时为四十一篇，至玄诠次为八十三篇，今残缺。 ⑦《中候》：指《尚书中候》，属于纬书。 ⑧《乾象历》：灵帝时，会稽刘洪作，郑玄受其法而加注。 ⑨七政：指日、月及金、木、水、火、土五星。
⑩禘祫（dì xiá）：皆大祭名，当时各说不同，颇多争执，郑玄故作此以明其义。 ⑪许慎：字叔重，与玄同时人，博学经籍，人多称之。 ⑫临孝存：名硕，孝存其字。临，亦作“林”，与玄同时。 ⑬山阳：汉县，在河内。郗（xī）虑：字鸿豫。御史大夫：秦汉时，为御史之长官，掌副丞相。 ⑭东莱：见前。清河：汉清河国，地在今河北、山东。王基：字伯兴；崔琰：字季珪，皆仕魏。 ⑮乐安：汉乐安国，地在今山东。国渊：字子尼；任嘏：字昭光，皆仕魏。

玄唯有一子益恩，孔融在北海，举为孝廉①；及融为黄巾所围②，益恩赴难损身。有遗腹子，玄以其手文似己，名之曰小同。

①孝廉：科目名。　②孔融相北海时，屡为黄巾军所侵暴。

论曰：自秦焚《六经》，圣文埃灭[1]。汉兴，诸儒颇修艺文；及东京，学者亦各名家[2]。而守文之徒，滞固所禀[3]，异端纷纭，互相诡激[4]，遂令经有数家，家有数说，章句多者或乃百余万言[5]，学徒劳而少功，后生疑而莫正。郑玄括囊大典[6]，网罗众家，删裁繁诬，刊改漏失，自是学者略知所归。王父豫章君每考先儒经训，而长于玄[7]，常以为仲尼之门不能过也。及传授生徒，并专以郑氏家法云[8]。

---

①《六经》：指《诗》《书》《易》《春秋》《礼》《乐》。《乐经》亡于秦，故不传。埃：尘埃。　②名家：谓以专家之学著名。　③滞固：固执。禀：受也。言学者各执所受，互不疏通。　④诡激：言其不合于中正。　⑤章句：谓分其章节句读，诸儒博采群说，牵引以次其间，具文敷释，故多至百余万言，盖即传注也。　⑥括囊：括，结也，言如囊盛物而结其口。《易·坤卦》："括囊无咎。"引为包括之义。　⑦王父：祖父。豫章君：本书作者范晔祖父范宁，字武子，晋时为豫章太守。长于玄：言每以郑玄为长。　⑧言范宁教授，专崇郑学。

胡广传

胡广，字伯始，南郡华容人也①。六世祖刚，清高有志节。平帝时②，大司[农]徒马宫辟之③。值王莽居摄④，刚解其衣冠，县府门而去，遂亡命交阯⑤，隐于屠肆之间。后莽败，乃归乡里。父贡，交阯都尉⑥。广少孤贫，亲执家苦。长大，随辈入郡为散吏⑦。太守法雄之子真，从家来省其父。真颇知人。会岁终应举，雄敕真助其求才。雄因大会诸吏，真自于牖间密占察之⑧，乃指广以白雄，遂察孝廉⑨。既到京师，试以章奏，安帝⑩以广为天下第一。旬月拜尚书郎⑪，五迁尚书仆射⑫。顺帝⑬欲立皇后，而贵人有宠者四人，莫知所建，议欲探筹，以神定选。广与尚书⑭郭虔、史敞上疏谏曰："窃见诏书，以立后事大，谦不自专，欲假之筹策，决疑灵神。篇籍所记，祖宗典故，未尝有也。恃神任筮，既不必当贤；就值其人，犹非德选。夫岐嶷形于自然⑮，伣天必有异表⑯。宜参良家，简求有德，德同以年，年钧以貌，稽之典经，断之圣虑。政令犹汗，往而不反⑰。诏文一下，形之四方⑱。臣职在拾遗⑲，忧深责重，是以焦心，冒昧陈闻。"帝从之，以梁贵人良家子，定立为皇后⑳。

①南郡：秦置郡，在今湖北。华容：前汉县，后汉国，在今湖南北部。　②平帝：前汉帝，名衎，哀帝子。　③马宫：字游卿，于哀帝时为大司徒，平帝时为大司马。大司徒：见《光武帝纪》及《马援传》“三府”注。辟：见《郑玄传》注。　④王莽酖弑平帝，立宣帝玄孙婴，年方二岁，莽摄行皇帝之事，是为居摄；莽立婴，本利其年幼，已得专政。　⑤交阯：见《马援传》注。　⑥都尉：见《光武帝纪》注。　⑦散吏：所谓从掾位从史位者是，非正吏也。　⑧凡相窥视谓之占；又窥亦谓之占。　⑨孝廉：见《郑玄传》注。广年二十七，举孝廉。　⑩安帝：名祜，肃宗孙。　⑪尚书郎：属于尚书之郎官。　⑫尚书仆射：见《郑玄传》注。　⑬顺帝：名保，安帝子。　⑭尚书：官名，秦属少府，在殿中主发书，其秩甚卑，汉置尚书令及尚书仆射，督尚书曹郎理事，后以大臣领之，至光武时，天下事尽入尚书。　⑮岐嶷（nì）：峻茂之貌。《诗经·大雅》：“克岐克嶷。”　⑯伣（qiàn）：比喻也。《诗经·大雅》：“大邦有子，伣天之妹。”言文王闻太姒之贤而美之，谓大邦有子女，尊之如天之有女弟。　⑰号令如汗之出而不反，为前汉刘向语。　⑱形：见也。　⑲拾遗：谓随时讽谏，以救人主言行之遗失，尚书为古喉舌之官，有匡正之责，故疏以自称；唐时即置左右拾遗，以掌供俸讽谏。　⑳梁贵人：名妠（nà），乘氏侯梁商之女，顺帝永建三年，以选入宫为贵人，阳嘉元年，立为皇后。广谄附梁氏，疏谏探筹，实阴为后说。

时尚书令左雄议改察举之制，限年四十以上，儒者试经学，文吏试章奏①。广复与敞、虔上书驳之曰：“臣闻君以兼览博照为德，臣以献可替否为忠②。《书》载稽疑，谋及卿士③；《诗》美先人，询于刍荛④。国有大政，必议之于前训，咨之于故老，是以虑无失策，举无过事。窃见尚书令左雄议郡举孝廉，皆限年四十以上，诸生试章句⑤，文吏试笺奏。明诏既许，复令臣等得与相参⑥。窃惟王命之重，载在篇典⑦，当令县于日月，固于金石，遗则百王⑧，施之万世⑨。《诗》云：‘天难谌斯，不易惟王⑩。’可不慎与！盖选举因才，无拘定制。六奇之策，不出经学⑪；郑、阿之政，非必章奏⑫。甘、奇显用，年乖强仕⑬；终、贾扬声，亦在弱冠⑭。汉承周、秦，兼览殷、夏，祖德师经，参杂霸轨，圣主贤臣，世以致理，贡举之制，莫或回革⑮。今以一臣之言，刬戾⑯旧章，便利未明，众心不厌⑰。矫枉变常，政之所重，而不访台司⑱，不谋卿士。若事下之后，议者剥异⑲，异之则朝失其便，同之则王言已行⑳。臣愚以为可宣下百官，参其同异，然后览择胜否㉑，详采厥衷㉒。敢以瞽言㉓，冒干天禁㉔，惟陛下纳焉㉕。”帝不从。

---

①尚书令：见《郑玄传》“尚书仆射”注。左雄：字伯豪。雄上言请令郡国察举孝廉，年须满四十，皆先诣公府，诸生试家法——其一家之学——文吏课笺奏，以验其虚实。　②君所谓可，而有否焉，臣献其否，以成其可，君所谓否，而有可焉，臣

献其可，以去其否——春秋时齐晏婴语——此献可替否之谓。替：废。　③稽：考也。考正疑事，谋及卿士，见《尚书》。　④《诗经·大雅》："先民有言，询于刍荛。"询：谋也。刍荛：薪采者也。言有疑事，尝与薪采者谋之。　⑤古谓学官弟子为"诸生"。章句：见《郑玄传》注。　⑥参：谓参赞其事。　⑦王言惟作命，令出惟行，一言一动，史官皆秉笔而书之，《礼经》常载是说。　⑧遗则百王：言遗之百王，使有所法。　⑨施（yì）：延也。　⑩《诗经·大雅》之词。谌：信也。斯：语词。言天意难信，不可改易者天子也。　⑪陈平设六奇计以佐汉高祖。　⑫春秋时子产从郑政，择能而使，内无国中之乱，外无诸侯之患。齐晏子治东阿三年，景公召而责之，晏子请改道易行，明年上计，景公迎而贺之，晏子对曰："臣前之化东阿也，属托不行，货赂不至，君反以罪臣，今则反是，而更蒙贺。"景公下席而谢。　⑬甘：指战国时人甘罗，年十二，为秦使赵，说赵王割五城于秦，秦封为上卿。奇：指战国时人子奇，年十八，齐君使治阿，阿大化。乖：违也。强仕：年四十也。《礼》："四十曰强而仕。"　⑭终：前汉时人终军也，年十八，为博士弟子，自请以长缨羁南越王致之阙下，使之往，越果听命。贾：前汉时人贾谊也，年十八，以诵诗属文称于郡中，文帝召为博士。弱冠：谓少年也，二十成人初加冠，体犹未壮，故曰弱。《礼》："二十曰弱，冠。"　⑮回：转也，反也。　⑯刬：削也。戾：乖也，违也。　⑰厌：服也。　⑱台司：指宰辅。　⑲剥：与"驳"通。　⑳异之、同之：谓与议者同疑。　㉑览择胜否：览择所议之得当与否。　㉒衷：当也。　㉓謇言：

如瞽者不见而妄言。　㉔冒：冒昧。干：犯也。天禁：尊称帝王之禁令。　㉕所言冗陋，不究是非之实以立中制，徒拾异事相排而已，作者载此，特以著广之庸。

时陈留郡[1]缺职，尚书史敞等荐广曰："臣闻德以旌贤[2]，爵以建事[3]，'明试以功'，《典谟》所美[4]，'五服五章'，天秩所作[5]，是以臣竭其忠，君丰[6]其宠，举不失德，下忘其死。窃见尚书仆射胡广，体真[7]履规，谦虚温雅，博物洽闻，探颐[8]穷理，《六经》典奥，旧章宪式[9]，无所不览。柔而不犯[10]，文而有礼，忠贞之性，忧公如家。不矜其能，不伐其劳，翼翼周慎[11]，行靡玷漏[12]。密勿夙夜[13]，十有余年，心不外顾，志不苟进。臣等窃以为广在尚书，劬劳日久，后母年老[14]，既蒙简照[15]，宜试职千里，匡宁方国[16]。陈留近郡，今太守任缺。广才略深茂，堪能拨烦，愿以参选，纪纲[17]颓俗，使束修[18]守善，有所劝仰。"

---

①陈留郡：当时属兖州，今河南开封东南。　②旌：明也。德以旌贤，勉有德者以官，而著其贤。　③爵以建事：能建立事则与之爵。　④明试以功：明白考试之有功者授之官。《书》"舜典""皋陶漠"皆有是言，故曰典谟所美。　⑤五服：指天子、诸侯、卿、大夫、士五等服式。五服五章：谓五者之服，必须章明。《书·皋陶谟》："天命有德，五服五章哉。"天秩：天所制之等序。　⑥丰：厚。　⑦体真：理会

真德之意。　⑧颐：幽深。　⑨宪式：犹法式。　⑩柔而不犯：谓其性柔，然不可犯以非义。　⑪翼翼：小心貌。周慎：周详谨慎。　⑫行：行为。靡：无也。玷漏：污缺之意。⑬密勿：勤勉努力。夙夜：朝夕，日夜。　⑭后母：黄氏，字列嬴；广本生母亦姓黄。　⑮简：选也。照：见知之意。⑯匡：正也。宁：安辑之。方国：四方来附之国。　⑰纪纲：整饬之意。　⑱束修：指能自约束修整之辈。

广典[①]机事十年，出为济阴太守[②]，以举吏不实免[③]。复为汝南太守[④]，入拜大司农。汉安元年[⑤]，迁司徒[⑥]。质帝崩[⑦]，代李固为太尉，录尚书事[⑧]。以定策立桓帝，封育阳安乐乡侯[⑨]。以病逊位。又拜司空[⑩]，告老致仕。寻以特进征拜太常[⑪]，迁太尉，以日食免。复为太常，拜太尉。延熹二年[⑫]，大将军梁冀诛[⑬]，广与司徒韩缜、司空孙朗坐不卫宫，皆减死一等，夺爵土，免为庶人[⑭]。后拜太中大夫[⑮]、太常。九年，复拜司徒。灵帝立[⑯]，与太傅陈蕃[⑰]参录尚书事，复封故国，以病自乞。会蕃被诛[⑱]，代为太傅，总录如故。时年已八十，而心力克壮，继母在堂，朝夕瞻省，傍无几杖，言不称老[⑲]。及母卒[⑳]，居丧尽哀，率礼无愆[㉑]。性温柔谨素，常逊言[㉒]恭色。达练事体，明解朝章。虽无謇直之风[㉓]，屡有补阙之益[㉔]。故京师谚曰："万事不理问伯始，天下中庸[㉕]有胡公。"及共李固定策，大议[㉖]不全，又与中常侍丁肃婚姻，以此讥毁于时。自在公台三十余年，历事六帝[27]，礼任甚优；每逊位辞病，及免退田里，未尝满岁，辄复升进。凡一履司空，再作司徒，三登太尉，又为太傅。其所辟命，皆天下名士。与故吏陈蕃、李咸并为三司[28]。蕃等每朝会，辄称疾避广，时人荣之。年八十二，熹平元年[29]薨。使五官中朗将持节奉策赠太傅、安乐乡侯印绶[30]，给东园梓器[31]，谒者护丧事[32]，赐冢茔于原陵[33]，谥文恭侯，拜家一人为郎中[34]。故吏自公、卿、大夫、博士、议郎以下数百人[35]，皆缞绖殡位[36]，自终及葬。汉兴以来，人臣之盛，未尝有也。

---

①主其事曰“典”。　②济阴：汉郡，在今山东。　③左雄奏改察举之制，既已实行，广守济阴，遂坐谬举免黜。　④汝南：见《郑玄传》注。　⑤汉安：顺帝年号。　⑥司徒：见《马援传》“三府”注。　⑦质帝：名缵，肃宗玄孙。　⑧李固：字子坚。质帝崩，梁冀时为大将军，专政，以桓帝娶其妹，欲立之，固以肃宗曾孙清河王蒜年长有德，争于冀，谓常立，忤冀旨，因免，而以广代之。　⑨质帝崩，李固引广及司空赵戒与冀争立清河王蒜，后广戒慑冀威，更与定策立桓帝，冀遂免固官，旋弒之。桓帝名志，肃宗曾孙。育阳：见《齐武王縯传》注。安乐乡：在河南南阳南。　⑩司空：见《马援传》“三府”注。⑪特进：官名，汉制，诸侯王公将军，功德优盛，朝廷所敬异者，赐位特进，位在三公下。太常：见《马援传》“九卿”注。⑫延熹：桓帝年号。　⑬大将军：见《郑玄传》注。梁冀：字伯车，商之子，梁后兄在位二十余年，穷极满盛，威行内外，桓

帝心不能平，遂与中常侍单超等谋，以兵围冀第，收冀大将军印绶，冀即日自杀。　⑭韩缜：未详。孙朗：字代平，北海人。汉津有不卫宫之条，意谓党附臣下，不忠帝室，盖缜、郎及广，皆以阿附梁冀免废也。　⑮太中大夫：见《马援传》注。　⑯灵帝：见《郑玄传》注。　⑰太傅在古为三公之一，汉为上公，不在三公之内，掌以善导，非常置之官。陈蕃：字仲举，历仕三公，为后汉名臣。　⑱蕃与桓帝窦后父武谋诛宦官，事泄，为宦官所害。　⑲为人子者，恒言不称老，见《礼·曲礼》。⑳广之后母卒，年九十一。　㉑愆：过误之意。　㉒逊：顺也。㉓謇（jiǎn）：正言。　㉔补阙：补其阙失。《诗·大雅》："衮职有阙，惟仲山甫补之。"言王有过，惟仲山甫能补之。㉕庸：常。中庸：中和可常行之道。　㉖议：按文当作"义"。㉗公台：公辅之位。六帝：安帝、顺帝、冲帝、质帝、桓帝、灵帝。㉘李咸：字元卓。三司：即三公。　㉙熹平：灵帝年号。㉚节：符节，以竹为之，柄长八尺，以旄牛尾为其毦，三重，乃古人臣执以示信之物。　㉛东园：官署名，主作凶器。梓器：棺材。　㉜谒者：见《光武帝纪》注。时为广护丧者为董诩。㉝原陵：见《马皇后纪》注。　㉞郎中：秦隶郎中令，汉世并选为尚书郎，因其本号，而属于光禄勋之官，其下亦有称郎中者。㉟公：三公。卿：九卿。大夫：即御史大夫、太中大夫等。汉之太常，有博士之属官，掌通古今。议郎：比六百石，特征贤良方正有道之士任之，掌论议。　㊱殡位：停柩之所。

初，扬雄依《虞箴》作《十二州二十五官箴》，其九箴亡阙[1]，后涿郡崔骃及子瑗又临邑侯刘騊駼增补十六篇，广复继作四篇，文甚典美。乃悉撰次首目，为之解释，名曰《百官箴》，凡四十八篇[2]。其余所著诗、赋、铭、颂、箴、吊及诸解诂，凡二十二篇。

---

①扬雄：字子云，前汉时人，长于文才。《虞箴》：虞人之箴，周辛甲为太史，命百官各为箴辞，以箴王阙，虞人作箴曰："芒芒禹迹，画为九州，经启九道，人有寝庙，兽有茂草，各有攸处，德用不扰；在帝夷羿，冒于原兽，忘其国恤，而思其麀（yōu）牡，武不可重，用不恢于夏家，兽臣司原，敢告仆夫。"《十二州二十五官箴》：十二州箴为冀州、青州箴、兖州箴、徐州箴、扬州箴、荆州箴、豫州箴、益州箴、雍州箴、幽州箴、并州箴、交州箴。二十五官箴，如大司农箴、宗正卿箴、廷尉箴等，中有数篇，或以为扬雄作，或谓崔氏父子作，已难于确定，故不具列。九箴亡阙：言二十五篇官箴中，亡而不存，及存而多阙文者，共有九篇。　②崔骃：字亭伯，博学有伟才，善属文。瑗：字子正，好学，能传父业，皆后汉时人。临邑：汉县，故城在今山东东阿县北。刘騊駼，光武兄缜曾孙，有才学。骃、瑗、騊駼、广所补作之二十篇，篇名不能确定，且有亡失，兹不具列。四十八篇，雄作除亡阙之九篇，得二十八篇，合崔氏、騊駼所补之十六篇，及广继作四篇之数。

熹平六年，灵帝思感旧德，乃图画广及太尉黄琼于省内①，诏议郎蔡邕②为其颂云。

---

①黄琼：字世英。省内：禁中。　②蔡邕：字伯喈，好辞章、数术、天文，又善音律。董卓专权，辟之，及董卓诛，为王允所杀。

班超传

班超，字仲升，扶风平陵人①，徐令彪之少子也②。为人有大志，不修细节。然内孝谨，居家常执勤苦，不耻劳辱。有口辩，而涉猎书传③。永平五年，兄固被召诣校书郎，超与母随至洛阳④。家贫，常为官佣书以供养⑤。久劳苦，尝辍业投笔叹曰："大丈夫无他志略，犹当效傅介子、张骞立功异域，以取封侯，安能久事笔研间乎⑥？"左右皆笑之。超曰："小子安知壮士志哉！"其后行诣相者，曰："祭酒，布衣诸生耳⑦，而当封侯万里之外。"超问其状。相者指曰："生燕颔虎颈，飞而食肉，此万里侯相也。"久之，显宗问固："卿弟安在？"固对："为官写书，受直以养老母。"帝乃除超为兰台令史⑧。后坐事免官。

---

①扶风、平陵：皆见《马援传》注。　②徐：汉县，当时属临淮郡，郡在今江苏盱眙县西北。彪：字叔皮，才高，好述作，专精史籍，采前史遗事，旁贯异闻，继司马迁《史记》作后传数十篇，其子班固用之以为《前汉书》。班彪二子，长即班固，次即班超。　③涉猎：谓读书但作浮浅浏览，不求深入研讨。　④永平：见《马援传》注。固：字孟坚，参阅上注。校

书郎：后汉时，郎之典校秘书者，郎居其任，则为校书郎；郎中居其任，则为校书郎中，至魏始置秘书校书郎。⑤为官佣书：佣雇为抄书之官，官置于前汉武帝时。⑥傅介子：前汉时人，尝使西域，刺杀楼兰王，以其首诣阙，封义阳侯。张骞：前汉时人，尝为西通西域，以击匈奴功，封博望侯。研：同“砚”。⑦一坐所尊，则先用酒以祭，故以祭酒为尊敬之称，犹唐人之称先辈。布衣诸生：犹言寻常之儒生。⑧除：拜官。兰台令史：秩百石头，掌书奏。兰台本汉藏秘书之宫观，以御史中丞掌之，后始置令史官。

十六年，奉车都尉窦固出击匈奴，以超为假司马，将兵别击伊吾①，战于蒲类海②，多斩首虏而还。固以为能，遣与从事郭恂俱使西域③。超到鄯善④，鄯善王广奉超礼敬甚备，后忽更疏懈⑤。超谓其官属曰：“宁觉广礼意薄乎？此必有北虏使来⑥，狐疑未知所从故也。明者睹未萌，况已著邪。”乃召侍胡⑦诈之曰：“匈奴使来数日，今安在乎？”侍胡惶恐，具服其状。超乃闭侍胡，悉会其吏士三十六人，与共饮，酒酣，因激怒之曰：“卿曹⑧与我俱在绝域，欲立大功，以求富贵。今虏使到裁数日，而王广礼敬即废；如令鄯善收吾属送匈奴，骸骨长为豺狼食矣。为之奈何？”官属皆曰：“今在危亡之地，死生从司马！”超曰：“不入虎穴，不得虎子。当今之计，独有因夜以火攻虏，使彼不知我多少，必大震怖，可殄尽也⑨。灭此虏，则鄯善破胆，功成事立矣。”众曰：“当与从事议之。”超怒曰：“吉凶决于今日。从事文俗吏，闻此必恐而谋泄，死无所名，非壮士也！”众曰：“善。”初夜⑩，遂将吏士往奔虏营。会天大风，超令十人持鼓藏虏舍后，约曰：“见火然，皆当鸣鼓大呼！”余人悉持兵弩夹门而伏。超乃顺风纵火，前后鼓噪。虏众惊乱，超手格杀三人⑪，吏兵斩其使及从士三十余级，余众百许人悉烧死。明日乃还告郭恂，恂大惊，既而色动⑫。超知其意，举手曰：“掾⑬虽不行，班超何心独擅之乎？”恂乃悦。超于是召鄯善王广，以虏使首示之，一国震怖。超晓告抚慰，遂纳子为质⑭。还奏于窦固，固大喜，具上超功效，并求更选使使西域。帝壮超节，诏固曰：“吏如班超，何故不遣而更选乎？今以超为军司马⑮，令遂⑯前功。”超复受使。固欲益其兵，超曰：“愿将本所从三十余人足矣。如有不虞，多益为累。”

---

①奉车都尉：秩二千石，掌御乘舆车，都尉之属于侍从官者，侍从官之都尉，汉有三，一奉车，一驸马，一骑。假司马：车官名，大将军营五部，部有校尉一人，军司马一人，又有军假司马为副贰。伊吾：地名，在匈奴，今新疆哈密县地，后汉取此以通西域。　②蒲类海：匈奴中海名，今新疆巴里坤哈萨克自治县西北有池，即古蒲类海。　③从事：佐吏之称，如刺史之佐吏主簿功曹等。西域：指汉敦煌郡以西诸国而言，名亦始于汉时。④鄯（shàn）善：西域国，前汉名楼兰，没于沙漠，在今新疆境内。

⑤更：变易。 ⑥北虏：指匈奴。 ⑦侍胡：给事左右之胡人。 ⑧卿曹：犹卿辈。 ⑨殄（tiǎn）：绝灭之意。 ⑩初夜：初更时也。 ⑪手格杀：亲手击杀之也。 ⑫恂意欲分其功，而不能自掩于外，故色动。 ⑬掾：见《马援传》注，班超以称恂也。 ⑭质（zhì）：抵押以取信。 ⑮军司马：见上“假司马”注。 ⑯遂：成。

是时，于阗王广德新攻破莎车，遂雄张南道①，而匈奴遣使监护其国，超既西，先至于阗。广德礼意甚疏。且其俗信巫。巫言：“神怒何故欲向汉？汉使有騧马②，急求取以祠我！”广德乃遣使就超请马。超密知其状，报许之，而令巫自来取马。有顷，巫至，超即斩其首以送广德，因辞让之。广德素闻超在鄯善诛灭虏使，大惶恐，即攻杀匈奴使者而降超。超重赐其王以下，因镇抚焉。

---

①于阗：西域国，今新疆和田、于田两县。莎车：西域国，今新疆莎车县。雄张：犹炽盛。西域南北有大山，中央有河，自汉至西域，有南北两道，从鄯善傍南山，北傍河，西行至莎车为南道。 ②騧（guà）马：黄马黑喙者。

时龟兹王建为匈奴所立，倚恃虏威，据有北道①，攻破疏勒②，杀其王，而立龟兹人兜题为疏勒王。明年春，超从间道至疏勒。去兜题所居槃橐城九十里，逆遣③吏田虑先往降之。敕虑曰：“兜题本非疏勒种，国人必不用命。若不即降，便可执之。”虑既到，兜题见虑轻弱，殊无降意。虑因其无备，遂前劫缚兜题。左右出其不意，皆惊惧奔走。虑驰报超，超即赴之，悉召疏勒将吏，说以龟兹无道之状，因立其故王兄子忠为王。国人大悦。忠及官属皆请杀兜题，超不听，欲示以威信，释而遣之。疏勒由是与龟兹结怨。

---

①龟（qiū）兹：西域国，今新疆库车县地。自车师前王庭——车师亦西域国，分前后二王，前王庭治交河城，在今新疆吐鲁番西，后王庭治务涂谷，在新疆吉木萨尔地——随北山傍河西行至疏勒为北道，参阅前“南道”注。　②疏勒：西域国，即今新疆疏勒县。　③逆遣：犹言预遣。

十八年，帝崩。焉耆以中国大丧，遂攻没都护陈睦①。超孤立无援，而龟兹、姑墨②数发兵攻疏勒。超守槃橐城，与忠为首尾，士吏单少，拒守岁余。肃宗初即位，以陈睦新没，恐超单危不能自立，下诏征超。超发还，疏勒举国忧恐。其都尉③黎弇曰：“汉使弃我，我必复为龟兹所灭耳。诚不忍见汉使去。”因以刀自刭。超还至于阗，王侯以下皆号泣曰：“依汉使如父母，诚不可去！”互抱超马脚，不得行。超恐于阗终不听其东，又欲遂本志，乃更还疏勒。疏勒两城自超去后，复降龟兹，而与尉头连兵④。超捕斩反者，击破尉头，杀六百余人，疏勒复安。

①焉耆（yàn zhī）：西域国，全境包括今新疆焉耆至尉犁县地。都护：始为前汉宣帝置西域之官，其初未尽并北道，只称护鄯善以西使者，后并护北道，因号都护。都：总也，谓总护南北道。陈睦为都护时，郭恂为副校尉，睦既攻没，恂亦被杀。
②姑墨：西域国，今新疆拜城县境。　③都尉：西域官。
④尉头：西域国，南与疏勒接，今新疆乌什县西。

建初三年①，超率疏勒、康居、于阗、拘弥兵一万人②，攻姑墨石城，破之，斩首七百级。超欲因此叵③平诸国，乃上疏请兵。曰："臣窃见先帝④欲开西域，故北击匈奴，西使外国⑤，鄯善、于阗，即时向化。今拘弥、莎车、疏勒、月氏、乌孙、康居⑥复愿归附，欲共并力破灭龟兹，平通汉道。若得龟兹，则西域未服者百分之一耳。臣伏自惟念，卒伍小吏，实愿从谷吉效命绝域，庶几张骞弃身旷野⑦。昔魏绛列国大夫，尚能和辑诸戎⑧，况臣奉大汉之威，而无铅刀一割之用乎⑨？前世议者皆曰取三十六国，号为断匈奴右臂⑩。今西域诸国，自日之所入，莫不向化⑪，大小欣欣，贡奉不绝，惟焉耆、龟兹独未服从。臣前与官属三十六人奉使绝域，备遭艰厄。自孤守疏勒，于今五载，胡夷情数，臣颇识之。问其城郭大小，皆言'倚汉与依天等⑫'；以是效之，则葱领可通⑬，葱领通则龟兹可伐。今宜拜龟兹侍子白霸为其国王，以步骑数百送之，与诸国连兵，岁月之间，龟兹可禽。以夷狄攻夷狄，计之善者也。臣见莎车、疏勒田地肥广，草牧饶衍⑭，不比敦煌、鄯善间也⑮，兵可不费中国而粮食自足。且姑墨、温宿二王⑯，特为龟兹所置，既非其种，更相厌苦，其势必有降反。若二国来降，则龟兹自破。愿下臣章，参考行事。诚有万分，死复何恨。臣超区区，特蒙神灵，窃冀未便僵仆⑰，目见西域平定，陛下举万年之觞⑱，荐勋祖庙⑲，布大喜于天下。”书奏，帝知其功可成，议欲给兵。平陵人徐幹⑳素与超同志，上疏愿奋身佐超。五年，遂以幹为假司马，将弛刑及义从千人就超㉑。

---

①建初：见《马援传》注。　②康居：古西域国名。东界乌孙，西达奄蔡，南接大月氏，东南临大宛，约在今巴尔喀什湖和咸海之间，王都卑阗城。拘弥：西域国，今新疆于田县克勒底雅以东之地，亦曰扜弥。　③叵（pǒ）：遂也。　④先帝：指明帝。　⑤击匈奴，使外国，即指窦固击匈奴，遣超与郭恂使西域事。　⑥月氏（ròu zhī）：西域国名，其族先居甘肃西境，汉时为匈奴所破，西走至阿母河，都河北，曰大月氏，其余小众不能去者，为小月氏。乌孙：国名，在西域诸国之北，地占今新疆伊犁河流域。　⑦谷吉：前汉谷永父，元帝时，遣送郅支单于——匈奴呼韩邪单于之兄，攻呼韩邪自立——侍子，为郅支所杀。张骞为汉使月氏，经匈奴，被拘十余岁，乃亡走大宛——在大月氏东北，今俄属浩罕——穷急，射禽兽给食。参阅前注。⑧魏绛：春秋晋大夫。晋悼公时，山戎使孟乐如晋，因绛纳虎豹

之皮请和诸戎，公因使绛与诸戎盟。事见《左传》。辑（jí）：亦和也。　⑨铅刀：超以自喻，谦下之词。铅刀一割：言刀虽铅制，利不如宝剑，而乘大汉之威，不可不效一割之用。　⑩前汉诸臣，常言武帝与乌孙相结，为断匈奴右臂，参阅后注。凡南面以西为右。三十六国，皆西域，在匈奴之西，乌孙之南，乃婼羌、楼兰、且末、小宛、精绝、拘弥、戎庐、渠勒，上八国在敦煌西，于阗东，今皆沦为沙漠。　⑪汉时谓自条支（亦西域国，城在山上，周围四十余里）乘水西行，可百余日，皆近日所入云。⑫西域诸国，大率土著，有城郭田畜，常定居，不随牧畜迁徙，与匈奴、乌孙等异俗，故称城郭国，此言城郭诸国，若小若大，皆云倚汉与依天等。　⑬效：验也。葱领：亚洲山脊，为中国大山之发脉处，东趋首入新疆。领，通“岭”。　⑭饶衍：富饶。⑮敦煌：汉置郡，在今甘肃。　⑯温宿：古国名。今为新疆维吾尔自治区温宿县。　⑰未便僵仆：言未必即死。　⑱言西域平定，廷臣毕贺，天子为之举觞，以庆万年。　⑲荐：进也；勋：功也。　⑳徐幹：字伯张，善章草书，与班固相善。　㉑义从：自愿从军者。一说，汉魏时称胡羌等少数民族归附朝廷为“义从”。

先是，莎车以为汉兵不出，遂降于龟兹，而疏勒都尉番辰①亦复反叛。会徐幹适至，超遂与幹击番辰，大破之，斩首千余级，多获生口。超既破番辰，欲进攻龟兹。以乌孙兵强，宜因其力，乃上言：“乌孙大国，控弦十万，故武帝妻以公主，至孝宣皇帝，卒得其用②。今可遣使招慰，与共合力。”帝纳之。八年，拜超为将兵长史，假鼓吹幢麾③。以徐幹为军司马，别遣卫候④李邑护送乌孙使者，赐大小昆弥⑤以下锦帛。李邑始到于阗，而值龟兹攻疏勒，恐惧不敢前，因上书陈西域之功不可成，又盛毁超拥爱妻，抱爱子，安乐外国，无内顾心。超闻之，叹曰：“身非曾参而有三至之谗，恐见疑于当时矣。”遂去其妻。帝知超忠，乃切责邑曰：“纵超拥爱妻，抱爱子，思归之士千余人，何能尽与超同心乎？”令邑诣超受节度。诏超：“若邑任在外者，便留与从事⑥。”超即遣邑将乌孙侍子还京师。徐幹谓超曰：“邑前亲毁君，欲败西域，今何不缘⑦诏书留之，更遣他吏送侍子乎？”超曰：“是何言之陋也！以邑毁超，故今遣之。内省不疚，何恤人言⑧！快意留之，非忠臣也。”

---

①番（pān）：番辰，都尉名。　②控（kòng）：控弦，引弓，因以称兵卒之强健者。武帝：名彻，前汉景帝子。公主，名细君，景帝孙江都王建女，武帝以为公主，以妻乌孙，赠送甚盛，乌孙以为右夫人。孝宣皇帝：初名病已，后更名询，字次卿，武帝曾孙，即位后，乌孙上言，匈奴侵扰己国，欲使己与汉隔绝，愿发精兵力击之，亦望汉出兵以救公主——另一公主，非前武帝所妻——于是汉兵分道并出，乌孙以五万骑从，败匈奴，获四万余级，牲畜七十余万。　③长史：官名，后汉时，三公及大将军府皆有之，将兵长史特置于边郡，就长史之官加以“将兵”字样耳。鼓吹：即军乐。幢（zhuàng）麾：仪仗旗帜之属。

鼓吹幢麾，皆大将所有，超非大将，故言假。④卫候：官名。⑤乌孙称王为昆弥，老昆弥死，子孙争国，宣帝时，汉令立大小两昆弥，各赐印绶，于是有大小昆弥之号。⑥言邑若在外胜任者，即留与共事。⑦缘：因也。⑧省（xǐng）：察也。疚：心有所愧。恤：忧也。

明年，复遣假司马和恭等四人将兵八百诣超，超因发疏勒、于阗兵击莎车。莎车阴通使疏勒王忠，啖①以重利，忠遂反从之，西保乌即城。超乃更立其府丞②成大为疏勒王，悉发其不反者以攻忠。积半岁，而康居遣精兵救之，超不能下。是时，月氏新与康居婚，相亲，超乃使使多赍锦帛遗月氏王，令晓示康居王，康居王乃罢兵，执忠以归其国，乌即城遂降于超。后三年，忠说康居王借兵，还据损中③，密与龟兹谋，遣使诈降于超。超内知其奸而外伪许之。忠大喜，即从轻骑诣超。超密勒兵待之，为供张④设乐，酒行，乃叱吏缚忠斩之。因击破其众，杀七百余人，南道于是遂通。

---

①啖（dàn）：以利饵之。②西域诸王有丞，比中国郡县。③损中：应作“桢中”，疏勒城。④供张：陈设之意。

明年，超发于阗诸国兵二万五千人，复击莎车。而龟兹王遣左将军发温宿、姑墨、尉头合五万人救之。超召将校及于阗王议曰："今兵少不敌，其计莫若各散去。于阗从是而东，长史亦于此西归①，可须夜鼓声而发②。"阴缓所得生口③。龟兹王闻之大喜，自以万骑于西界遮超，温宿王将八千骑于东界徼于阗。超知二虏已出，密召诸部勒兵，鸡鸣驰赴莎车营，胡大惊乱奔走，追斩五千余级，大获其马畜财物。莎车遂降，龟兹等因各退散。自是威震西域。

---

①时班超合兵击莎车，莎车之东为于阗，西为疏勒，于阗自莎车东归，将兵长史西归疏勒。　②须：等待。夜鼓声：夜半之鼓声，其数三通。《司马法》：军中夜间击鼓凡三次，昏黑之鼓四通，夜半三通，旦明五通也。　③缓：持之不急，使得遁归以通信也。生口：即俘虏。

初，月氏尝助汉击车师有功，是岁，贡奉珍宝、符拔①、师子，因求汉公主。超拒还其使，由是怨恨。永元二年②，月氏遣其副王谢③将兵七万攻超。超众少，皆大恐。超譬军士曰："月氏兵虽多，然数千里逾葱领来，非有运输，何足忧邪？但当收谷坚守，彼饥穷自降，不过数十日决矣。"谢遂前攻超，不下，又抄掠无所得。超度其粮将尽，必从龟兹求救，乃遣兵数百于东界要之。谢果遣骑赍金银珠玉以赂龟兹。超伏兵遮击，尽杀之，持其使首以示谢。谢大惊，即遣使请罪，愿得生归。超纵遣之。月氏由是大震，岁奉贡献。

①符拔：亦作“扶拔”，兽名，似麟，无角。　②永元：汉和帝年号。　③副王：犹裨王，小王也。谢：其名。

明年，龟兹、姑墨、温宿皆降，乃以超为都护，徐幹为长史。拜白霸为龟兹王，遣司马①姚光送之。超与光共协龟兹，废其王尤利多而立白霸，使光将尤利多还诣京师。超居龟兹它乾城，徐幹屯疏勒。西域唯焉耆、危须、尉犁以前没都护，怀二心②，其余悉定。六年秋，超遂发龟兹、鄯善等八国兵合七万人，及吏士贾客千四百人讨焉耆。兵到尉犁界，而遣晓说③焉耆、尉犁、危须曰：“都护来者，欲镇抚三国。即欲改过向善，宜遣大人④来迎，当赏赐王侯已下，事毕即还。今赐王彩五百匹。”焉耆王广遣其左将北鞬支奉牛酒迎超。超诘鞬支曰：“汝虽匈奴侍子⑤，而今秉国之权。都护自来，王不以时迎，皆汝罪也。”或谓超可便杀之。超曰：“非汝所及。此人权重于王⑥，今未入其国而杀之，遂令自疑，设备守险，岂得到其城下哉！”于是赐而遣之。广乃与大人迎超于尉犁，奉献珍物。焉耆国有苇桥之险⑦，广乃绝桥，不欲令汉军入国。超更从它道厉度⑧。七月晦，到焉耆，去城二十里，营大泽中。广出不意，大恐，乃欲悉驱其人共入山保⑨。焉耆左候⑩元孟先尝质京师，密遣使以事告超，超即斩之，示不信用。乃期大会诸国王，因扬声当重加赏赐。于是焉耆王广、尉犁王泛及北鞬支等三十人相率诣超。其国相腹久等十七人惧诛，皆亡入海，而危须王亦不至。坐定，超怒诘广曰："危须王何故不到？腹久等所缘逃亡？⑪"遂叱吏士收广、泛等于陈睦故城斩之，传首京师。因纵兵抄掠，斩首五千余级，获生口万五千人，马畜牛羊三十余万头，更立元孟为焉耆王。超留焉耆半岁，慰抚之。于是西域五十余国悉皆纳质内属焉。

---

①司马：武职属官，州郡多有之，其有特称如宫掖门之南屯司马、苍龙司马等，不在此例。　②以前攻没都护陈睦，恐汉终讨其罪，不安心归服也。　③遣人晓喻之。　④大人：谓其酋长。　⑤北鞬支：本匈奴人，入侍焉耆。　⑥焉耆国人皆敬信北鞬支。　⑦焉耆所都，四面大山，道险阻，有海水曲入四山，周匝其城，故设苇桥以通之。　⑧以衣涉水曰"厉"。度：与"渡"通。　⑨入山保：入山自保。　⑩左候：焉耆官名。　⑪又诘问腹久等逃亡之故。

明年，下诏曰："往者匈奴独擅西域，寇盗河西①，永平之末，城门昼闭。先帝深愍边氓婴罹寇害，乃命将帅击右地②，破白山③，临蒲类，取车师，城郭诸国震慑④响应，遂开西域，置都护。而焉耆王舜、舜子忠独谋悖逆，恃其险隘，覆没都护，并及吏士。先帝重元元之命⑤，惮兵役之兴，故使军司马班超安集于阗以西。超遂逾葱领，迄县度⑥，出入二十二年，莫不宾从⑦。改立其王，而绥⑧其人。

不动中国，不烦戎士，得远夷之和，同异俗之心，而致天诛，蠲⑨宿耻，以报将士之仇。《司马法》⑩曰：‘赏不逾月，欲人速睹为善之利也。’其封超为定远侯，邑千户⑪。”

---

①河西：指黄河以西地。 ②右地：要地。 ③白山：冬夏有雪，故名。窦固曾于此击败匈奴兵。 ④慑（shè）：惧也。 ⑤元元：百姓，庶民。 ⑥讫：至。县：读如悬。县度：山名，以其用绳索悬縋而过，在皮山国西，罽宾国（今克什米尔一带）东。 ⑦宾：服也。 ⑧绥：安也。 ⑨蠲（juān）：除也。 ⑩《司马法》：书名，旧题司马穰苴撰，实则齐威王诸臣集古兵法为之，而附穰苴于其中。 ⑪以汉中郡南郑县之西乡户千封班超为定远侯，侯国故城，即今陕西镇巴县。

超自以久在绝域，年老思土①。十二年，上疏曰：“臣闻太公封齐，五世葬周，狐死首丘，代马依风②。夫周齐同在中土千里之间，况于远处绝域，小臣能无依风首丘之思哉？蛮夷之俗，畏壮侮老③。臣超犬马齿歼④，常恐年衰，奄忽僵仆⑤，孤魂弃捐。昔苏武留匈奴中尚十九年⑥，今臣幸得奉节⑦，带金银⑧，护西域，如自以寿终屯部，诚无所恨，然恐后世或名臣为没西域⑨。臣不敢望到酒泉郡，但愿生入玉门关⑩。臣老病衰困，冒死瞽言⑪，谨遣子勇随献物入塞⑫。及臣生在，令勇目见中土。”而超妹同郡曹寿妻昭⑬亦上书请超曰："妾同产兄西域都护定远侯超，幸得以微功，特蒙重赏，爵列通侯，位二千石。天恩殊绝，诚非小臣所当被蒙。超之始出，志捐躯命，冀立微功，以自陈效。会陈睦之变，道路隔绝，超以一身转侧绝域，晓譬诸国，因其兵众，每有攻战，辄为先登，身被金夷⑭，不避死亡。赖蒙陛下神灵，且得延命沙漠，至今积三十年。骨肉生离，不复相识。所与相随时人士众，皆已物故⑮。超年最长，今且七十。衰老被病，头发无黑，两手不仁⑯，耳目不聪明，扶杖乃能行。虽欲竭尽其力，以报塞天恩，迫于岁暮，犬马齿索⑰。蛮夷之性，悖逆侮老，而超旦暮入地，久不见代，恐开奸宄之源，生逆乱之心。而卿大夫咸怀一切⑱，莫肯远虑。如有卒暴，超之气力不能从心，便为上损国家累世之功，下弃忠臣竭力之用，诚可痛也！故超万里归诚，自陈苦急，延颈逾望⑲，三年于今，未蒙省录。妾窃闻古者十五受兵，六十还之⑳，亦有休息不任职也。缘陛下以至孝理天下，得万国之欢心，不遗小国之臣，况超得备侯伯之位，故敢触死为超求哀，丐㉑超余年。一得生还，复见阙庭，使国永无劳远之虑，西域无仓卒之忧，超得长蒙文王葬骨之恩，子方哀老之惠㉒。《诗》云：'民亦劳止，汔可小康，惠此中国，以绥四方㉓'。超有书与妾生诀，恐不复相见。妾诚伤超以壮年竭忠孝于沙漠，疲老则便捐死于旷野，诚可哀怜。如不蒙救护，超后有一旦之变，冀幸超家得蒙赵母、卫姬先请之贷㉔。妾愚戆不知大义，触犯忌讳。"书奏，帝感其言，乃征超还。超在西域三十一岁。十四年八月至洛阳，拜为射声校尉㉕。超素有胸胁疾，既至，病遂加。帝遣中黄门㉖问疾，赐医药。其九月卒，年七十一。朝廷愍惜焉㉗，使者吊祭，赠赗㉘甚厚。子雄嗣。

---

①思土：思念故土。　②太公姜尚佐周武王灭商，封于齐为诸侯，其子孙比及五世，虽死于齐，皆反葬于周。狐死首丘：言狐虽狼狈而死，犹使首力向其丘。丘：狐窟穴根本之处。代马依风：代郡在北，北风起，马常以身切近之。　③畏壮侮老：言其贵壮健贱老弱。　④犬马齿：犬马之年，卑抑之辞。歼：尽也。　⑤奄忽：疾速貌僵仆，谓死也。　⑥苏武：字子卿，前汉武帝时，以中郎将奉使匈奴，匈奴欲降之，武不屈，被幽困，凡留匈奴十九年，始得归国。　⑦节：见《胡广传》注。⑧金银：即金印、银印。　⑨言恐后世或谓超陷身西域，未得考终本国，致朝廷负薄待功臣之名。　⑩酒泉郡：汉置，后置肃州，属甘肃，今改酒泉市；郡故城在县东北，去长安二千八百五十里。玉门关：古关，在今甘肃敦煌市西百五十里阳关之西北，汉时与阳关皆为通西域要道，去长安三千六百里。　⑪瞽言：见《胡广传》注。　⑫勇：字宜僚，有父风，亦尝立功西域及匈奴。时西域有使入朝献物，超因遣勇随入塞。　⑬曹寿：字世叔，亦扶风人，早死。昭：一名姬，字惠姬，博学高才，和帝召入宫，令皇后诸贵人师事之，尊称曰大家。　⑭金夷：犹金疮。⑮物故：谓死亡。　⑯不仁：犹“不遂”。　⑰索：见《马援传》注。　⑱一切：犹权宜，言非经常，如以刀切物，苟取

整齐，不顾长短纵横。喻卿大夫只贪一时之苟安。　⑲逾：与“遥”通，远也。　⑳《周礼》：“国中七尺以及六十，野自六尺以及六十有五，皆征之。”征：谓赋税从征役也。七尺，年二十，六尺，年十五。十五受兵，据野外言，六十还之，据国中为说也。　㉑丐：乞也。　㉒文王：指周文王，尝出游，见枯骨，使葬之，诸侯皆谓其泽及枯骨，遂相率归周。子方：战国时田子方也，为魏文侯师，见君之老马弃之，曰：“少尽其力，老而弃之，非仁也。”遂收而养之。　㉓《诗·大雅·民劳》篇语。汔（qì）：几也。康、绥：皆安也。言先施恩惠于中国，然后乃安四方。　㉔赵母：战国时赵将赵括之母，赵括出兵，母知其必败，先请于赵王，得不坐。卫姬：春秋时卫国之女，齐桓公姬，桓公与管仲谋伐卫，议毕，公入，姬辨其色，请免卫之罪，公许不伐。贷（dài）：宽免。　㉕射声校尉：汉置官，秩二千石，掌宿卫兵。　㉖中黄门：官名，以宦者任之。　㉗愍（mǐn）：怜惜。　㉘赗（fèng）：赠死之物。

初，超被征，以戊己校尉①任尚为都护，与超交代。尚谓超曰：“君侯在外国三十余年，而小人猥承君后，任重虑浅，宜有以诲之。”超曰：“年老失智，任君数当大位，岂班超所能及哉！必不得已，愿进愚言：塞外吏士，本非孝子顺孙，皆以罪过徙补边屯。而蛮夷怀鸟兽之心，难养易败。今君性严急，水清无大鱼，察政不得下和②。宜荡佚③简易，宽小过，总大纲而已。”超去后，尚私谓所亲曰：“我以班君当有奇策，今所言平平耳。”尚至数年，而西域反乱，以罪被征，如超所戒。

---

①戊己校尉：戊校尉与己校尉也，前汉元帝时始置此官，以镇抚西域，后旋罢旋置。　②言为政过于细察，则在下者不悦服。　③荡佚：无仪检。

黄宪传

黄宪，字叔度，汝南慎阳人也①。世贫贱，父为牛医②。颍川荀淑③至慎阳，遇宪于逆旅④，时年十四，淑竦然异之⑤，揖与语，移日⑥不能去。谓宪曰："子，吾之师表也⑦。"既而前至袁阆所，未及劳问，逆⑧曰："子国有颜子⑨，宁识之乎？"阆曰："见吾叔度邪？"是时，同郡戴良⑩才高倨傲，而见宪未尝不正容，及归，罔然若有失也⑪。其母问曰："汝复从牛医儿来邪？"对曰："良不见叔度，不自以为不及；既睹其人，则瞻之在前，忽焉在后⑫，固难得而测矣！"同郡陈蕃、周举⑬常相谓曰："时月之间不见黄生，则鄙吝⑭之萌复存乎心。"及蕃为三公⑮，临朝叹曰："叔度若在，吾不敢先佩印绶矣！"太守王龚在郡⑯，礼进贤达，多所降致，卒不能屈宪。郭林宗⑰少游汝南，先过袁阆，不宿而退，进往从宪，累日方还。或以问林宗。林宗曰："奉高之器⑱，譬诸氿滥⑲，虽清而易挹。叔度汪汪若千顷陂，澄之不清，淆之不浊⑳，不可量也！"

---

①慎阳：汉县名，本作滇阳。　②牛医：能治牛病者之称。　③颍川：见《光武帝纪》注。荀淑：字季和，行高学

博，当时贤达，皆师宗之。 ④逆旅：客舍。 ⑤竦（sǒng）然：惊异貌。 ⑥移日：日影移也。 ⑦师表：言可师法而为表率。 ⑧逆：迎也。 ⑨子国：犹言子邦，称人之乡里，阆为慎阳人。颜子：即颜回。 ⑩戴良：字叔鸾，亦慎阳人。 ⑪罔然：若有所失貌。 ⑫瞻之在前，忽焉在后：乃颜渊慕孔子之言，见《论语》。 ⑬陈蕃：字仲举，汝南平舆人。周举：字宣光，汝南汝阳人，博学洽闻，为儒者所宗。一本举作“乘”，字子居，则又一人也。 ⑭吝：贪也。 ⑮三公：指后汉太尉、司徒、司空。蕃曾为太尉。 ⑯王龚：字伯宗，曾为汝南太守，好才爱士，仕至太尉。 ⑰郭林宗：名泰，博学，教授弟子以千数，名震当时。 ⑱奉高：阆字。 ⑲氿（guǐ）：泉之侧出者。滥（kǎn）：泉之正出者。 ⑳汪汪：深大貌。陂（bēi）：蓄水处。澄之：使之清。淆之：使之浊。

宪初举孝廉①，又辟公府②，友人劝其仕，宪亦不拒之，暂到京师而还，竟无所就。年四十八终，天下号曰“征君”③。

---

①孝廉：见《郑玄传》注。 ②辟：见《郑玄传》注。 ③征君：有学行而被诏征召者之尊称。

论曰：黄宪言论风旨，无所传闻，然士君子见之者，靡不服深远，去玼吝①，将以道周性全，无德而称乎②！余曾祖穆侯③，以为宪隤然其处顺④，渊乎其似道⑤，浅深莫臻其分⑥，清浊未议其方⑦。若及门于孔氏，其殆庶乎⑧，故尝著论云⑨。

---

①玼：与“疵”通。 ②道周性全：道周备而性全一。无德而称：言其德大难名。 ③曾祖穆侯：《后汉书》作者范晔之曾祖汪，字玄平，穆其谥。 ④隤（tuí）：同“颓”。颓然，柔顺貌。 ⑤渊乎：深貌。道渊深不可知，言宪似之。 ⑥分：读去声。 ⑦方：所也。 ⑧及门：受业门下为弟子。殆：近也。《易·系辞》：“颜氏之子，其殆庶几乎。”言宪如为孔子弟子，庶几为大贤。 ⑨言其曾祖尝著论。

申屠蟠传

申屠蟠，字子龙，陈留外黄人也①。九岁丧父，哀毁过礼。服除，不进酒肉十余年。每忌日，辄三日不食②。同郡缑氏女玉③为父报仇，杀夫氏之党，吏执玉以告外黄令梁配，配欲论杀玉。蟠时年十五，为诸生④，进谏曰："玉之节义，足以感无耻之孙，激忍辱之子。不遭明时⑤，尚当表旌庐墓，况在清听⑥，而不加哀矜！"配善其言，乃为谳⑦得减死论。乡人称美之。

---

①外黄：汉县，故城在今河南民权县东。 ②三日不食：非故不食，以哀戚废食。 ③缑氏女玉：缑姓女名玉。 ④诸生：见《胡广传》注。 ⑤明时：谓治世。 ⑥清听：谓圣明。 ⑦谳（yǎn）：请也，为请于廷尉。

家贫，佣为漆工，郭林宗①见而奇之。同郡蔡邕②深重蟠，及被州辟③，乃辞让之曰："申屠蟠禀气玄妙，性敏心通，丧亲尽礼，几于毁灭。至行美义，人所鲜能。安贫乐潜④，味道守真，不为燥湿轻重⑤，不为穷达易节。方之于邕，以齿则长，以德则贤。"后郡召为主簿⑥，不行。遂隐居精学，博贯五经，兼明图纬⑦。

---

①郭林宗：见《黄宪传》注。　②蔡邕：陈留圉（今河南杞县）人。　③辟：征召并授官职。　④乐潜：乐于隐遁。　⑤燥湿轻重：不因其燥湿而有轻重，喻不改其操守。　⑥主簿：属官，各官署皆有之。　⑦图纬：占验术数之书。

始与济阴王子居同在太学①，子居临殁，以身托蟠，蟠乃躬推辇车，送丧归乡里。遇司隶从事于河巩之间②，从事义之，为封传③护送，蟠不肯受，投传于地而去。事毕还学。太尉黄琼辟④，不就。及琼卒，归葬江夏⑤，四方名豪会帐下者⑥六七千人，互相谈论，莫有及蟠者。唯南郡一生⑦与相酬对，既别，执蟠手曰："君非聘则征，如是相见于上京矣。"蟠勃然作色⑧曰："始吾以子为可与言也，何意乃相拘教乐贵之徒邪⑨！"因振手而去，不复与言。再举有道⑩，不就。

---

①济阴：汉郡，在今山东。王子居：子居为字，名未详。②司隶从事：司隶校尉之属官。河巩：河南郡巩县，今河南巩义。③传：符信。　④太尉：见《马援传》"三府"注。黄琼：见《胡广传》注。　⑤江夏：汉郡，在今湖北。琼：江夏安陆人。⑥帐下：葬处。　⑦南郡：见《胡广传》注。　⑧勃然：变色貌。　⑨拘：读如钩，曲也；乐：读如效。拘教乐贵：曲诱

使从贵也。　⑩有道：见《郑玄传》注。

先是京师游士汝南范滂等非讦朝政①，自公卿以下皆折节下之。太学生争慕其风，以为文学将兴，处士复用。蟠独叹曰："昔战国之世，处士横议，列国之王，至为拥篲先驱②，卒有坑儒烧书之祸③，今之谓矣！"乃绝迹于梁砀之间④，因树为屋，自同佣人。居二年，滂等果罹党锢，或死或刑者数百人，蟠确然⑤免于疑论。

①汝南：见《郑玄传》注。范滂，自有传。　②横议：言论纵恣也。篲：同"彗"，帚也。邹衍如燕，燕昭王拥篲先驱，请列弟子之坐而受业。　③古代第一暴君秦始皇以首都儒生，是古非今，鼓动人民，听从李斯之议，收天下之书，除了《秦纪》及医药卜筮种树之书，全部焚烧，又因小事坑杀儒生无数。　④梁砀（dàng）：梁国砀县，当时属豫州，隋改砀县为砀山县，今属安徽。　⑤确然：坚貌。

后蟠友人陈郡①冯雍坐事系狱，豫州牧黄琬②欲杀之。或劝蟠救雍，蟠不肯行，曰："黄子琰为吾故邪，未必合罪③。如不用吾言，虽往何益！"琬闻之，遂免雍罪。

①陈郡：前汉为淮阳国，后汉改陈国，在今河南。　②黄琬：字子琰，琼孙。　③此句言为吾故而赦之，则枉法徇私，

未必合于罪之所应得。

大将军何进[1]连征不诣，进必欲致之，使蟠同郡黄忠书劝曰："前莫府初开[2]，至如先生，特加殊礼，优而不名，申以手笔，设几杖之坐[3]。经过二载，而先生抗志弥高，所尚益固。窃论先生高节有余，于时则未也[4]。今颍川荀爽载病在道[5]，北海郑玄北面受署[6]。彼岂乐羁牵哉，知时不可逸豫也。昔人之隐，遭时则放声灭迹，巢栖茹薇[7]。其不遇也，则裸身大笑，被发狂歌[8]。今先生处平壤，游人间，吟典籍，袭衣裳，事异昔人，而欲远蹈其迹，不亦难乎[9]！孔氏可师，何必首阳[10]？"蟠不答。中平五年[11]，复与爽、玄及颍川韩融、陈纪等十四人并博士征[12]，不至。明年，董卓废立[13]，蟠及爽、融、纪等复俱公车征[14]，惟蟠不到。众人咸劝之，蟠笑而不应。居无几，爽等为卓所胁迫，西都长安，京师扰乱[15]；及大驾西迁[16]，公卿多遇兵饥，室家流散，融等仅以身脱。唯蟠处乱末[17]，终全高志。年七十四，终于家。

---

①大将军、何进：皆见《郑玄传》注。　②莫府：同"幕府"，将帅所置，以纳宾友，备咨议。　③几杖：见《郑玄传》注。　④于时则未：谓于时未合以节操自高。　⑤荀爽：字慈明，荀淑之子，称为硕儒，何进征为从事中郎。　⑥见前《郑玄传》。　⑦放：弃也。放声：放弃声名。灭迹：不以真

迹示人。巢栖：指尧时隐者巢父以树为巢而寝其上。茹：食也。薇：草名。茹薇：指周武王灭商时，伯夷、叔齐隐首阳山不食粟，采薇而食。 ⑧裸身大笑：指周时隐者桑扈裸行。被发：指商末箕子披发佯狂。狂歌：指周时隐者楚狂接舆。 ⑨平壤：即平地。典籍：谓古书籍。处平壤，则异于巢栖茹薇，游人间，则异于放声灭迹，吟典籍，则异于大笑狂歌，袭衣裳，则异于裸身披发，故曰事异昔人而欲远蹈其迹也。 ⑩孔子处春秋乱世，未尝遁身自隐，可仕则仕之，故曰孔氏可师。首阳：山名，在今山西永济市南，伯夷、叔齐因周灭商，以臣弑君，举世混浊，羞与共处，遂隐此山采薇而食，因饿死山中。 ⑪中平：灵帝年号。 ⑫韩融：字元长，少能辨理，不为章句学，声名甚盛。陈纪：字元方，寔之子，有至德。 ⑬董卓废立：见《郑玄传》“董卓”注。 ⑭公车：见《郑玄传》注。 ⑮卓西都长安，亦见《郑玄传》“董卓”注。 ⑯大驾：指天子御驾。 ⑰乱末：乱世末世。

臧洪传

臧洪，字子源，广陵射阳人也①。父旻，有干事才。熹平元年②，会稽妖贼许昭起兵句章③，自称“大将军”，立其父生为越王，攻破城邑，众以万数。拜旻扬州刺史④。旻率丹阳太守陈夤击昭⑤，破之。昭遂复更屯结，大为人患。旻等进兵，连战三年⑥，破平之，获昭父子，斩首数千级。迁旻为使匈奴中郎将⑦。洪年十五，以父功拜童子郎⑧，知名太学。

---

①广陵：后汉郡，郡故城在今江苏扬州江都区东北。射阳：汉县，今废。　②熹平：见《胡广传》注。　③会稽：秦置郡，今江苏东部、浙江西部皆其地。句章：汉县，故城在今浙江慈溪境。　④扬州：汉置州，今江苏、浙江、江西、安徽等省皆有地属之。刺史：在汉其责为督察郡国，犹后世之巡按御史。刺，刺举不法。史，使也。魏晋以都督兼领之，其权益重，犹后世之督抚。隋唐以后，但为太守之互名，犹知府及知州。　⑤丹阳：汉郡，今江苏、安徽皆有地属之。　⑥三年：即熹平三年。　⑦使匈奴中郎将：比二千石，主护南单于。　⑧幼年颖异而通经者拜为郎，号“童子郎”。

洪体貌魁梧①，有异姿。举孝廉，补即丘长②。中平末③，弃官还家，太守张超请为功曹④。时董卓弑帝，图危社稷⑤。洪说超曰："明府历世受恩⑥，兄弟并据大郡⑦。今王室将危，贼臣虎视，此诚义士效命之秋也。今郡境尚全，吏人殷富，若动桴鼓⑧，可得二万人。以此诛除国贼，为天下唱义，不亦宜乎！"超然其言，与洪西至陈留，见兄邈计事⑨。邈先谓超曰："闻弟为郡，委政臧洪，洪者何如人？"超曰："臧洪海内奇士，才略智数不比于超矣。"邈即引洪与语，大异之。乃使诣兖州刺史刘岱⑩、豫州刺史孔伷⑪，遂皆相善。

---

①魁梧：魁，大貌；梧，读悟，言其可警悟。　②即丘：汉县，故城在今山东临沂附近。洪举孝廉为郎，适当选郎补县长，而洪得即丘。长：秦官，所辖不及万户者之称，秩三百石至五百石。　③中平：见《申屠蟠传》注。　④功曹：官名，汉为郡属吏，掌选署。　⑤董卓事略见《郑玄传》注。　⑥明府：始对于太守之称，渐亦以称县令。　⑦兄弟并据大郡：谓超为广陵太守，超兄邈为陈留。　⑧桴（fú）：击鼓杖。　⑨陈留：见《胡广传》注。邈：字孟卓。　⑩刘岱：字公山。　⑪孔伷：字公绪。伷与"胄"同。

邈既先有谋约，会超至，定议，乃与诸牧守大会酸枣①。设坛场，将盟，既而更相辞让，莫敢先登，咸共推洪。洪乃摄衣升坛，操血②而盟曰："汉室不幸，皇纲失统，贼臣董卓，乘衅纵害，祸加至尊③，毒流百姓。大惧沦丧社稷④，翦覆四海⑤。兖州刺史岱、豫州刺史伷、陈留太守邈、东郡太守瑁⑥、广陵太守超等，纠⑦合义兵，并赴国难。凡我同盟，齐心一力，以致臣节，陨首丧元⑧，必无二志。有渝此盟⑨，俾坠其命⑩，无克遗育⑪。皇天后土，祖宗明灵⑫，实皆鉴之！"洪辞气慷慨，闻其言者，无不激扬。自是之后，诸军各怀迟疑，莫適先进⑬，遂使粮储单竭，兵众乖散。时讨虏校尉公孙瓒与大司马刘虞有隙⑭，超乃遣洪诣虞，共谋其难⑮。行至河间⑯而值幽、冀交兵⑰，行途阻绝，因寓于袁绍⑱。绍见洪，甚奇之，与结友好，以洪领青州刺史⑲。前刺史焦和，好立虚誉，能清谈。时黄巾群盗处处飚起⑳，而青部殷实，军革尚众。和欲与诸同盟西赴京师，未及得行，而贼已屠城邑㉑。和不理戎警，但坐列巫史㉒，禜祷群神㉓。又恐贼乘冻而过，命多作陷冰丸，以投于河㉔。众遂溃散，和亦病卒。洪收抚离叛，百姓复安。

---

①酸枣：汉县，当时属陈留郡，故城在今河南延津县北。　②操血：犹"歃血"。　③天子居至尊之位，故称天子曰至尊。　④沦：没也。丧：亡也，失也。　⑤翦：灭也。覆：败也。　⑥瑁（mào）：桥瑁也，字元玮。　⑦纠：收也。　⑧陨：坠也。元：亦首也。　⑨渝：变也。　⑩俾：使也。

⑪无克遗育：不能遗留成长。 ⑫明灵：明察之神灵。 ⑬適：读如嫡，从。 ⑭校尉为汉之武职，讨虏校尉之一种。公孙瓒：字伯珪，时封蓟为侯。大司马：本三公之一，光武时，改为太尉。董卓迁刘虞为大司马，则其时大司马又与太尉并置焉。刘虞：字伯安，时领幽州牧。公孙瓒被诏讨乌桓，应受虞节制，瓒欲以武力平定辽东及群盗，而虞务以恩信招致之，意各相忤，瓒又阴教袁术执虞子和，故二人有隙。 ⑮难：即指义兵溃散事。 ⑯河间：汉郡名，即今河北献县。 ⑰交兵：公孙瓒以兵侵略冀州。 ⑱袁绍：见《郑玄传》注。 ⑲青州：见《齐武王縯传》注。 ⑳飈（biāo）：暴风。飈起：谓如暴风之忽起。 ㉑屠：多所诛杀。 ㉒巫：女巫。史：祝史。 ㉓禜（yǒng）：祭名。祷：告事求福。 ㉔陷冰丸，投之冰上，冰即消解。

在事二年，袁绍惮其能，徙为东郡太守，都东武阳①。时曹操围张超于雍丘②，甚危急。超谓军吏曰：“今日之事，唯有臧洪必来救我。”或曰：“袁、曹方穆③，而洪为绍所用，恐不能败好远来，违福取祸。”超曰：“子源天下义士，终非背本者也，或见制强力，不相及耳。”洪始闻超围，乃徒跣号泣④，并勒所领，将赴其难。自以众弱，从绍请兵，而绍竟不听之，超城遂陷，张氏族灭⑤。洪由是怨绍，绝不与通。绍兴兵围之⑥，历年不下，使洪邑人陈琳以书譬洪⑦，示其祸福，责以恩义。洪答曰：“隔阔⑧相思，发于寤寐。相去步武[9]，而趋舍异规[10]，其为怆恨，胡可胜言！前日不遗，比辱雅况[11]，述叙祸福，公私切至。以子之才，穷该典籍[12]，岂将暗于大道，不达余趣哉？是以损弃翰墨，一无所酬，亦冀遥忖褊心[13]，粗识鄙性。重获来命，援引纷纭，虽欲无对，而义笃其言[14]。仆小人也，本乏志用[15]，中因行役[16]，特蒙倾盖[17]，恩深分厚，遂窃大州，宁乐今日自还接刃乎？每登城临兵，观主人之旗鼓[18]，瞻望帐幄，感故友人周旋，抚弦搦矢[19]，不觉涕流之覆面也。何者？自以辅佐主人，无以为悔[20]；主人相接，过绝等伦。受任之初，志同大事，埽清寇逆，共尊王室。岂悟本州被侵，郡将遘厄[21]，请师见拒，辞行被拘，使洪故君，遂至沦灭。区区微节，无所获申，岂得复全交友之道，重亏忠孝之名乎！所以忍悲挥戈，收泪告绝。若使主人少垂古人忠恕之情，来者侧席，去者克己[22]，则仆抗季札之志[23]，不为今日之战矣。昔张景明登坛喢血，奉辞奔走，卒使韩牧让印，主人得地[24]。后但以拜章朝主，赐爵获传之故，不蒙观过之贷，而受夷灭之祸[25]。吕奉先讨卓来奔，请兵不获，告去何罪，复见斫刺[26]。刘子璜奉使逾时，辞不获命，畏君怀亲，以诈求归，可谓有志忠孝，无损霸道，亦复僵尸麾下，不蒙亏除[27]。慕进者蒙荣，违意者被戮，此乃主人之利，非游士之愿也。是以鉴戒前人，守死穷城，亦以君子之违，不适敌国故也[28]。足下当见久围不解，救兵未至，感婚姻之义[29]，推平生之好，以为屈节而苟生，胜守义而倾覆也。昔晏婴不降志于白刃[30]，南史不曲笔以求存[31]，故身传图像，名垂后世。况仆据金城之固[32]，驱士人之力，散三年之畜以为一年之资[33]，匡困补乏，以悦天下，何图筑室反耕哉[34]？但惧秋风扬尘，伯珪马首南向[35]，张扬、飞燕，旅力作难[36]，北鄙将告倒悬之急，股肱奏乞归之记耳[37]。主人当鉴戒曹辈，反旌退师，何宜久辱盛怒，暴威于吾城之下哉[38]！足下讥吾恃黑山以为救[39]，独不念黄巾之合从邪[40]？昔高祖取彭越于巨野，光武创基兆于绿林，卒能龙飞受命，中兴帝业[41]。苟可辅主兴化，夫何嫌哉！况仆亲奉玺书，与之从事[42]！行矣孔璋！足下徼利于境外，臧洪投命于君亲[43]；吾子托身于盟主，臧洪策名于长安[44]。子谓余身死而名灭，仆亦笑子生死而无闻焉。本同末离，努力，努力，夫复何言！”

---

①东武阳：汉县，属东郡。东郡郡治本在濮阳，时其地方值荒乱，故都于东武阳。 ②雍丘：汉县，故城在今河南杞县。超与兄邈本皆附操，后叛奉吕布，操破布，超将家属屯雍丘，遂被围。 ③穆：与“睦”同。 ④徒跣：赤足步行。 ⑤曹操围攻马超数月，屠之，斩马超及其家。 ⑥围东武阳。 ⑦陈琳：字孔璋，亦广陵人，时避难冀州，为袁绍典文章。 ⑧隔阔：相隔不见。 ⑨六尺为步，半步为武，言其近也。 ⑩规：图谋。 ⑪不遗：犹“不弃”。比：频也。雅况：陈琳来信。 ⑫该：博通之意。典籍：犹经籍。 ⑬忖：思度。 ⑭笃：重也。义笃其言：谓关于义之是非，不得不重其言而剖明答覆之。 ⑮志用：用世之志。

⑯行役：即指被使于张超事。　⑰倾盖：行道相遇，并车对语，互相欢洽，两盖相切而下倾；此指为袁绍器重事。　⑱主人：指袁绍，以曾寓于绍故。　⑲搦（nuò）：捉也。　⑳无以为悔：犹内省不疚。　㉑郡将：指张超。　㉒来者侧席而待之，有去者则克己自责，而不责人。　㉓抗：力持之意。季札：春秋时吴王寿梦少子，寿梦以其贤，欲立之，季札不受。后诸兄以次立，欲终使季札即王位，季札卒逃让焉。洪言抗季札之志，谓让而不拒。　㉔张景明：名导。啑：同“歃”；啑血：谓盟者以牲畜之血涂口旁。韩牧：冀州牧韩馥。袁绍避董卓之祸，自洛阳出奔冀州，使景明等说馥，让冀州于绍。　㉕拜章获爵为绍所杀事未详。　㉖吕奉先：即吕布。吕布讨杀董卓，为董卓部将所败，出奔于袁绍，袁绍与共击破张燕兵，吕布从袁绍求益兵，袁绍患忌之，吕布觉，求去，袁绍恐其为己害，夜遣甲士往掩杀之，吕布先出帐，甲士不知，夜半，起入，乱斫吕布床被。㉗公孙瓒列数袁绍罪，有枉害故虎牙将军刘勋一事，疑刘子璜即勋。奉使：奉帝命使袁绍也。逾时：久稽绍处也。亏除：犹减除，减除其罪。　㉘违：逃亡。不适敌国：言自本国出亡，不适与本国为敌之。袁绍不救张超，则与张超为敌，而张超故臧洪之旧君，依君子违不适敌国之义，臧洪固不可事袁绍。　㉙婚姻事未详。　㉚晏婴：春秋时齐大夫，崔杼弑齐庄公，以戟拘婴颈，剑承婴心，劫使与盟，婴曰：“劫吾以刃而失其意，非勇也。”崔杼乃释之。　㉛崔杼既弑庄公，太史书曰：“崔杼弑其君。”崔杼杀之，其弟嗣书而死者二人，其弟又书，乃舍之，南史氏闻太史尽死，执简以往，闻既书矣，乃还。　㉜金城：

言城之坚，如同金铸。　③③国必有三年之蓄，不然，则国非其国，语见《礼记·王制》。　③④筑室反耕：春秋时事，楚围宋，筑室于宋，反兵耕田，示无还意，洪言绍即立意围攻，亦所不计。　③⑤伯珪：公孙瓒字。马首南向：言其举兵南侵。　③⑥张扬：字稚叔，在上党以兵攻略诸县，众至数千。飞燕：即张燕，性慓悍，捷速过人，军中称为飞燕，始为盗常山，后声势盛大，众至百万，号曰黑山。旅力：众力。　③⑦此句北鄙将有急难，股肱之臣，皆欲请归援救。　③⑧曹辈：犹我曹。言如我曹之反戈相向者正多，当以为鉴戒，退兵自防，不宜久顿吾城之下。　③⑨黑山：见前“飞燕”注。　④⓪董卓既诛，其部将作乱长安，杨奉、董承以献帝还洛阳，中途招故白波贼帅韩暹等为助，白波故黄巾余党，黄巾合从，疑即指此。　④①彭越：字仲，秦末，在巨野泽中为盗，项羽既入关，已王诸侯，东归彭城，越众万余无所属，高祖乃使赐越将军印，令击羽。巨野：县名，今属山东。绿林：山名，在湖北当阳。王莽篡前汉，新市王匡等初起兵，藏于此，光武举事，招之与合。龙飞：喻帝王御极。龙飞受命：谓汉高祖。中兴帝业：谓光武帝。　④②臧洪玺书与黑山从事未详。　④③投命君亲：谓为君亲致命。　④④董卓作乱，袁绍奔山东，于渤海起兵，为诸义兵主盟，故臧洪称袁绍为盟主。策名：谓仕宦为臣，名书所臣之策。臧洪陈琳惟托身权奸，不若已之义存君父，勉守臣节。

绍见洪书，知无降意，增兵急攻。城中粮尽，外无援救，洪自度不免，呼吏士谓曰：“袁绍无道，所图不轨①，且不救洪郡将，洪于大义，不得不死。念诸君无事，空与此祸[2]，可先城未破，将妻子出。”将吏皆垂泣曰：“明府之于袁氏，本无怨隙，今为郡将之故，自致危困，吏人何忍当舍明府去也！”初尚掘鼠，煮筋角，后无所复食，主簿启内厨米三斗，请稍为饘粥[3]，洪曰：“何能独甘此邪？”使为薄糜，遍班士众[4]。又杀其爱妾，以食兵将。兵将咸流涕，无能仰视。男女七八十人相枕而死，莫有离叛。城陷，生执洪。绍盛帷幔，大会诸将见洪。谓曰：“臧洪何相负若是！今日服未？”洪据地瞋目曰：“诸袁事汉，四世五公，可谓受恩[5]。今王室衰弱，无扶翼之意[6]，而欲因际会，觖望非冀[7]，多杀忠良，以立奸威。洪亲见将军呼张陈留为兄，则洪府君亦宜为弟，而不能同心戮力[8]，为国除害，坐拥兵众，观人屠灭。惜洪力劣，不能推刃为天下报仇[9]，何谓服乎？”绍本爱洪，意欲屈服赦之，见其辞切，知终不为用，乃命杀焉。洪邑人陈容，少为诸生，亲慕于洪，随为东郡丞。先城未败，洪使归绍。时容在坐，见洪当死，起谓绍曰：“将军举大事，欲为天下除暴，而专先诛忠义，岂合天意？臧洪发举为郡将，奈何杀之！”绍惭，使人牵出，谓曰：“汝非臧洪畴，空复尔为[10]？”容顾曰：“夫仁义岂有常所，蹈之则为君子，背之则为小人。今日宁与臧洪同日死，不与将军同日生也！”遂复见杀。在绍坐者，无不叹息，窃相谓曰：“如何一日戮二烈士！”先是洪遣司马二人出，求救于吕布。比还，城已陷，皆赴敌死。

①不轨：出于轨度之外，谓叛逆。　②与：读如预。③内厨：臧洪署中之厨。稠曰“饘”，稀曰“粥”。　④班：分与之。　⑤袁氏自绍高祖安至父逢凡四世，安为司徒，安子敞为司空，敞子汤为太尉，逢即汤子，亦为司空，而逢弟隗为太傅，故曰四世五公。　⑥扶翼：扶助翼戴。　⑦际会：时机之意。觖：犹“冀”。非冀：非分之事。　⑧戮力：并力。⑨叛国负义，为天下罪人，故曰为天下报仇。　⑩空复尔为：犹言空复如此何为。

陈寔传

陈寔，字仲弓，颍川许人也①。出于单微②。自为儿童，虽在戏弄，为等类所归。少作县吏，常给事厮役③，后为都亭佐④。而有志好学，坐立诵读。县令邓邵试与语，奇之，听受业太学。后令复召为吏，乃避隐阳城山中⑤。时有杀人者，同县杨吏以疑寔，县遂逮系⑥，考掠无实⑦，而后得出。及为督邮，乃密托许令礼召杨吏。远近闻者，咸叹服之。

①许：汉县名，属颍川郡，魏武帝以献帝自洛阳迁都于许，即此地。文帝受汉禅，易名许昌，后废，故城在今河南许昌西南。②出于单微：言累世不贵显。③常：与“尝”通。给事厮役：为厮役之事。④都亭佐：亭长下之亭佐。⑤阳城山：在今河南登封东北。⑥逮系：追捕而拘囚之。⑦考掠：考问笞掠。无实：不得实据。

家贫，复为郡西门亭长①，寻转功曹②。时中常侍侯览托太守高伦用吏③，伦教署为文学掾④。寔知非其人，怀檄请见⑤。言曰：“此人不宜用，而侯常侍不可违。寔乞从外署⑥，不足以尘明德⑦。”伦从之。于是乡论怪其非举，寔终无所言。伦后被征为尚书，郡中士大夫送至轮氏传舍⑧。伦谓⑨众人言曰："吾前为侯常侍用吏，陈君密持教还，而于外白署。比闻议者以此少之，此咎由故人畏惮强御⑩，陈君可谓善则称君，过则称己者也。"寔固自引愆，闻者方叹息，由是天下服其德。

①秦汉时，十里一亭，亭有长，掌捕劾盗贼。 ②功曹：官名。汉代郡守有功曹史，简称功曹。除掌人事外，得以参与一郡的政务。 ③中常侍：秦置官，得入禁中，惟当以士人为之，至后汉始以宦者充任。 ④郡守所出命曰"教"。文学掾：郡守属官，一郡例有文学守助掾六十人。 ⑤檄：板书，即高伦板书之教。 ⑥从外署：从外白署，若不出于伦者，盖功曹本主选署。 ⑦尘：污。承宦者意旨以用吏，则受人訾议而污明德。 ⑧轮氏：汉置县，属颍川郡，故城在今河南登封西南。 ⑨谓：与"为"同。 ⑩故人：高伦自谓，汉人于门生故吏前，常自称故人。

司空黄琼辟选理剧①，补闻喜长②，旬月，以期丧去官。复再迁，除太丘长③。修德清静，百姓以安。邻县人户归附者，寔辄训导譬解发遣，各令还本司官行部④。吏虑有讼者，白欲禁之⑤。寔曰："讼以求直，禁之理将何申？其勿有所拘⑥。"司官闻而叹息曰："陈君所言若是，岂有怨于人乎⑦？"亦竟无讼者。以沛⑧相赋敛违法，乃解印绶去，吏人追思之。及后逮捕党人[9]，事亦连寔。余人多逃避求免，寔曰："吾不就狱，众无所恃。"[10]乃请囚焉。遇赦得出。灵帝初[11]，大将军窦武辟以为掾属[12]。时中常侍张让权倾天下。让父死，归葬颍川，虽一郡毕至，而名士无往者，让甚耻之，寔乃独吊焉。及后复诛党人[13]，让感寔，故多所全宥。

---

①理剧：谓治理繁剧之才。　②闻喜：县名，今属山西省。　③太丘：汉所置县，故城在今河南永城县西北。　④司官：主司之官也，即部郡国从事史，每郡国各一人，主督促文书，举非法，由州辟除，亦谓之州从事。行部：巡行纠察各部也。　⑤欲禁之者，恐其讦告时波及县长。　⑥拘：禁制之不令控诉。　⑦岂有怨于人乎：犹岂尚有怨于人哉，言寔必无怨于人，不虑人之讼。　⑧沛：后汉国，今江苏、安徽、河南三省中皆有地为所管辖。　⑨党人：即朋党。　⑩名人如陈寔，尚肯就狱，则众知被捕亦无大害，不必皇皇逃避，以滋纷扰，皆有恃而无恐矣。　⑪灵帝：见《郑玄传》注。　⑫窦武：桓帝窦后之父，字游平。掾属：属官。　⑬后汉党禁凡二次，桓帝所禁为第一次，见《郑玄传》注。窦武等上疏申理，始赦归诸被捕者，而禁锢其终身；及灵帝建宁中，宦官等又因他事收捕前党，名人如李膺、杜密、范滂等死狱中者百余人，是为党禁第二次。至吕强奏请，其禁始解。

寔在乡闾，平心率物。其有争讼，辄求判正，晓譬曲直，退无怨者。至乃叹曰："宁为刑罚所加，不为陈君所短！"时岁荒民俭，有盗夜入其室，止于梁上。寔阴见，乃起自整拂，呼命子孙，正色训之曰："夫人不可不自勉。不善之人，未必本恶，习以性成，遂至于此。梁上君子者是矣！"盗大惊，自投于地，稽颡归罪。寔徐譬之曰："视君状貌，不似恶人，宜深克己反善。然此当由贫困。"令遗绢二匹。自是一县无复盗窃。太尉杨赐、司徒陈耽①，每拜公卿，群僚毕贺，赐等常叹寔大位未登，愧于先之。及党禁始解，大将军何进、司徒袁隗遣人敦寔②，欲特表以不次之位。寔乃谢使者曰："寔久绝人事，饰巾待终而已③。"时三公每缺，议者归之，累见征命，遂不起，闭门悬车④，栖迟养老⑤。中平四年，年八十四，卒于家。何进遣使吊祭，海内赴者三万余人，制衰麻者以百数⑥。共刊石立碑，谥为文范先生。有六子⑦，纪、谌最贤。

---

①杨赐：字伯献。陈耽：字汉公。　②敦：劝。　③饰巾：以幅巾为饰，不加冠冕，冠冕则登仕籍矣。　④悬车：悬其车示不再出，后之称致仕者多引之。　⑤栖迟：谓游息。　⑥衰麻：同"缞麻"，丧服。寔殁，不特家族持丧，名士亦多制衰麻，以执子孙礼。　⑦寔六子，纪、夔、洽、谌、休、光。纪见《申屠蟠传》注。谌字季方，亦有至德。

吴祐传

吴祐，字季英，陈留长垣人也①。父恢，为南海太守②。祐年十二，随从到官。恢欲杀青简以写经书③，祐谏曰："今大人逾越五领④，远在海滨，其俗诚陋，然旧多珍怪，上为国家所疑，下为权戚所望⑤。此书若成，则载之兼两⑥。昔马援以薏苡兴谤⑦，王阳以衣囊徼名⑧。嫌疑之间，诚先贤所慎也。"恢乃止，抚其首曰："吴氏世不乏季子矣⑨！"及年二十，丧父，居无担石⑩，而不受赡遗。常牧豕于长垣泽中，行吟经书。遇父故人，谓曰："卿二千石子⑪而自业贱事，纵子无耻，奈先君何？"祐辞谢而已，守志如初。

---

①长垣：县名，今属河北省。　②南海：汉时为郡，在今广东。　③杀青简者，以火炙简令汗，取其青易书，复不蠹。经书：《尚书》章句。　④五领：即大庾、始安、临贺、桂阳、揭阳。　⑤国家所疑，权戚所望：言官斯土者，国家常疑其重载而归，权戚常觊觎之。　⑥兼两：犹兼车，车有两轮故称两。　⑦薏苡兴谤：事见《马援传》。　⑧王阳：前汉王吉，字子阳，好车马衣服，皆甚鲜明，然不蓄财，迁移转徙，所载不过一囊之衣，人皆服其廉而怪其奢。徼（yāo）：求也。

⑨季子：吴季札，祐字季英，而又吴姓，故父以为喻。 ⑩担：与“儋”通；一石为石，再石为儋，言人担之。 ⑪祐父恢为太守，太守秩二千石。

后举孝廉[1]，将行，郡中为祖道[2]，祐越坛共小史雍丘黄真欢语移时[3]，与结友而别。功曹[4]以祐倨，请黜之。太守[5]曰：“吴季英有知人之明，卿且勿言。”真后亦举孝廉，除新蔡长[6]，世称其清节。时公沙穆来游太学[7]，无资粮，乃变服客佣，为祐赁舂[8]。祐与语，大惊，遂共定交于杵臼之间。祐以光禄四行迁胶东侯相[9]。时济北戴宏父为县丞[10]，宏年十六，从在丞舍。祐每行园，常闻讽诵之音，奇而厚之，亦与为友，卒成儒宗[11]，知名东夏[12]，官至酒泉太守。

---

①孝廉：见《郑玄传》注。 ②祖道：见《马援传》注。 ③坛：封土为之，象山，置路侧，以棘柏等为道路神设其上。雍丘：见《臧洪传》注。黄真，字夏甫。 ④功曹：见《臧洪传》注。 ⑤太守：指冷宏。 ⑥新蔡：县名，今属河南省。 ⑦公沙穆：公沙姓，穆名，字文乂。 ⑧赁舂：言为米工。 ⑨光禄四行：光禄勋卿岁以敦厚、质朴、逊让、节俭四行科第诸郎从官，故名。胶东：今山东平度等地。侯：功臣贾复之后，所食惟胶东一县耳。 ⑩济北：汉国，地在今山东。戴宏：字元襄，山东宁阳人。县丞：县中丞官，令长之佐，后以为官名。 ⑪儒宗：儒者之宗师。 ⑫东夏：指东方。

祐政唯仁简，以身率物。民有争诉者，辄闭阁自责，然后断其讼，以道譬之。或身到闾里，重相和解①。自是之后，争隙省息，吏人怀而不欺。啬夫孙性私赋民钱②，市衣以进其父，父得而怒曰："有君如是，何忍欺之！"促归伏罪。性惭惧，诣阁持衣自首。祐屏左右问其故，性具谈父言。祐曰："掾③以亲故，受污秽之名，所谓'观过斯知仁矣'④。"使归谢其父，还以衣遗之。又安丘⑤男子毋丘长与母俱行市，道遇醉客辱其母，长杀之而亡，安丘追踪，于胶东得之。祐呼长谓曰："子母见辱，人情所耻。然孝子忿必虑难，动不累亲。今若背亲逞怒⑥，白日杀人，赦若非义，刑若不忍，将如之何？"长以械⑦自系曰："国家制法，囚身犯之。明府虽加哀矜⑧，恩无所施。"祐问长："有妻子乎？"对曰："有妻未有子也。"即移安丘逮长妻⑨，妻到⑩，解其桎梏⑪，使同宿狱中，妻遂怀孕。至冬尽行刑，长泣谓母曰："负母应死，当何以报吴君乎？"乃啮⑫指而吞之，含血言曰："妻若生子，名之'吴生'，言我临死，吞指为誓，属儿以报吴君！"因投缳而死⑬。

---

①谓民有词讼，先命三老孝弟喻解之，不解，祐身往和之。②啬夫：乡官。见《郑玄传》"乡啬夫"注。　③掾：见《马援传》注。祐以称性。　④"观过斯知仁"句，《论语》孔子之言。⑤安丘：县名，今属山东。　⑥若：汝也；下两"若"字同

义。逞：快也。　⑦械：刑具之在手者。　⑧矜：怜悯。　⑨移安丘，移文书于安丘。　⑩本句“妻”字一本无。　⑪桎梏：拘罪人之刑具，在足曰“桎”，在手曰“梏”。　⑫啮（niè）：齿相切以断物。　⑬投缳：以绳为缳，投首其中而自缢。

祐在胶东九年，迁齐相[1]，大将军梁冀表为长史[2]。及冀诬奏太尉李固[3]，祐闻而请见，与冀争之，不听。时扶风马融在坐，为冀章草[4]，祐因谓融曰：“李公之罪，成于卿手。李公即诛，卿何面目见天下之人乎？”冀怒而起入室，祐亦径去。冀遂出祐为河间相[5]，因自免归家，不复仕，躬灌园蔬，以经书教授。年九十八卒。长子凤，官至乐浪太守[6]；少子恺，新息令[7]；凤子冯，鲖阳侯相[8]，皆有名于世。

---

①齐：汉国名，在今山东。　②梁冀：见《胡广传》注。长史：见《班超传》注。　③太尉：见《马援传》“三府”注。冀因李固与争立帝事，心衔之，既免其官，后以有欲立清河王蒜者，遂诬固与共谋，奏下狱，卒害之。　④章草：草章诬奏李固。　⑤河间：汉国，即今河北献县。　⑥乐浪：汉郡，在今河北境。　⑦新息：指马援。马援以战功被封为新息侯。　⑧鲖阳：汉县，故城在今河南新蔡县东北，光武阴后弟兴之后，明帝所封也。

范滂传

范滂，字孟博，汝南征羌人也①。少厉清节，为州里所服，举孝廉，光禄四行②。时冀州饥荒，盗贼群起，乃以滂为清诏③使，案察之。滂登车揽辔，慨然有澄清天下之志。乃至州境，守令自知臧污，望风解印绶去。其所举奏，莫不厌塞众议。

---

①征羌：汉国，属汝南郡，光武以郡中之当乡县改封来歙。②光禄四行：见《吴祐传》注。滂举孝廉，为光禄勋主事。③清诏：汉公卿府之属员，承诏使各州郡以司案察。

迁光禄勋主事①。时陈蕃为光禄勋，滂执公仪诣蕃②，蕃不止之③，滂怀恨，投版弃官而去④。郭林宗闻而让蕃曰："若范孟博者，岂宜以公礼格之⑤？今成其去就之名，得无自取不优之议⑥也？"蕃乃谢焉。

---

①光禄勋：官名，秦为光禄卿，汉改光禄勋，仍为卿职。主事：掾属，此属光禄勋。范滂为光禄勋主事，在为清诏之前，本段乃追叙之文。　②公仪：普通参见之仪节。　③不止之

者，普通属员相待，不特加优礼。　④版：所以署职官氏名，持以上谒者。　⑤公礼：普通之礼节。格：正也。　⑥不优之议：不优容之讥议。

复为太尉黄琼所辟①。后诏三府掾属举谣言②，滂奏刺史二千石权豪之党二十余人。尚书责滂所劾猥多③，疑有私故。滂对曰："臣之所举，自非叨秽奸暴④，深为民害，岂以污简札哉！间以会日迫促⑤，故先举所急，其未审者，方更参实。臣闻农夫去草，嘉谷必茂；忠臣除奸，王道以清。若臣言有贰，甘受显戮⑥！"吏不能诘。滂睹时方艰，知意不行，因投劾去⑦。

---

①黄琼：见《陈寔传》注。　②举谣言：谓由掾属臧否各州郡，述人民所疾苦，三公听采之，而据以举奏。　③猥：见《马援传》注。　④叨：贪也。　⑤会日：三府掾属会于朝堂之日。　⑥言臣惟壹心铲除奸恶，无故纳人罪之私意。⑦投劾去：投章自劾，弃官而去。

太守宗资先闻其名①，请署功曹②，委任政事。滂在职，严整疾恶。其有行违孝悌，不轨仁义者，皆埽迹斥逐，不与共朝。显荐异节，抽拔幽陋。滂外甥西平李颂③，公族子孙④，而为乡曲所弃，中常侍⑤唐衡以颂请资，资用为吏。滂以非其人，寝而不召。资迁怒，捶书佐朱零⑥。零仰曰：

“范滂清裁⑦，犹以利刃齿腐朽。今日宁受笞死，而滂不可违。”资乃止。郡中中人以下⑧，莫不归怨，乃指滂之所用以为“范党”。

---

①宗资：字叔都，时为汝南太守。　②功曹：见《臧洪传》注。　③西平：县名，今属河南省。颂：滂姊之子，故曰外甥。　④公族：王侯之同族。　⑤中常侍：见《陈寔传》注。　⑥书佐：主文书之吏，零时为功曹书佐。　⑦清裁：清峻之丰裁。　⑧中人：谓常人之资质。

后牢修诬言钩党①，滂坐系黄门北寺狱②。狱吏谓曰：“凡坐系皆祭皋陶③。”滂曰：“皋陶贤者，古之直臣。知滂无罪，将理之于帝④；如其有罪，祭之何益！”众人由此亦止。狱吏将加掠考，滂以同囚多婴病⑤，乃请先就格⑥，遂与同郡袁忠⑦争受楚毒。桓帝⑧使中常侍王甫以次辨诘，滂等皆三木囊头⑨，暴于阶下，余人在前，或对或否，滂、忠于后越次而进。王甫诘曰：“君为人臣，不惟忠国⑩，而共造部党，自相褒举，评论朝廷，虚构无端，诸所谋结，并欲何为？皆以情对，不得隐饰。”滂对曰：“臣闻仲尼之言，‘见善如不及，见恶如探汤’⑪。欲使善善同其清，恶恶同其污⑫，谓王政之所愿闻，不悟更以为党。”甫曰：“卿更相拔举，迭为唇齿，有不合者，见则排斥⑬，其意如何？”滂乃慷慨仰天曰：“古之循善⑭，自求多福；今之循善，身陷大戮。身死之日，愿埋滂于首阳山侧⑮，上不负皇天，下不愧夷、齐⑯。”甫愍然为之改容，乃得并解桎梏⑰。滂后事释，南归。始发京师，汝南、南阳士大夫迎之者数千两⑱。同囚乡人殷陶、黄穆⑲，亦免俱归，并卫侍于滂，应对宾客。滂顾为陶等曰："今子相随，是重吾祸也。”遂遁还乡里。初，滂等系狱，尚书霍谞理之⑳。及得免，到京师，往候谞而不为谢。或有让滂者。对曰："昔叔向婴罪，祁奚救之，未闻羊舌有谢恩之辞，祁老有自伐之色㉑。”竟无所言。

---

①钩：引也。牢修诬言钩党事，见《郑玄传》注。　②黄门北寺狱：后汉时所设，主讯将相大臣，以其属于少府黄门北寺，故名。　③皋陶：尧舜时臣，为狱官，汉故事，祀皋陶于廷尉。　④帝：谓天也。　⑤婴：缠绕之意；婴病：谓为疾病所缠。　⑥格：榜床也。　⑦袁忠：字正甫，汝南汝阳（今河南商水）人。　⑧桓帝：见《胡广传》注。　⑨三木：项及手足皆有械。囊头：以物蒙覆其头。　⑩惟：思也。⑪探：试探；探汤：谓同恶如探沸汤，手必腐烂，喻不可近。⑫善善贵能用，恶恶贵能去，同其清，用之也，同其污，去之也。　⑬见则：当作"则见"。　⑭循：当作"修"，下同。⑮首阳山：见《申屠蟠传》注。　⑯夷、齐：孤竹君二子伯夷、叔齐也。　⑰桎梏：见《吴祐传》注。　⑱两：车也，参阅《吴祐传》"兼两"注。　⑲殷陶，字仲才。黄穆，字子敬。　⑳霍谞：字叔智，其理党狱事。　㉑叔向：姓羊舌，名肸，春秋时

晋大夫，以礼让为国。肸弟虎将得罪，肸亦被囚，大夫祁奚方老闻之，急出营救，既免，不见肸而归，肸亦不告免而朝。自伐：自矜其功。

建宁二年，遂大诛党人①，诏下急捕滂等。督邮吴导至县②，抱诏书，闭传舍③，伏床而泣。滂闻之，曰："必为我也。"即自诣狱。县令郭揖大惊，出解印绶，引与俱亡。曰："天下大矣，子何为在此？"滂曰："滂死则祸塞，何敢以罪累君，又令老母流离乎！"其母就与之诀。滂白母曰："仲博孝敬④，足以供养，滂从龙舒君归黄泉⑤，存亡各得其所。惟大人割不可忍之恩，勿增感戚！"母曰："汝今得与李、杜齐名⑥，死亦何恨！既有令名，复求寿考，可兼得乎？"滂跪受教，再拜而辞。顾谓其子曰："吾欲使汝为恶，则恶不可为；使汝为善，则我不为恶。"行路闻之，莫不流涕。时年三十三。

---

①建宁：灵帝年号。建宁时之大诛党人，即后汉第二次党禁，中常侍侯览家在山阳，残暴百姓，督邮张俭举劾之，俭乡人朱并怨俭，上书告俭等为党，览遂讽有司诬奏第一次所赦党人，李膺、杜密及范滂等皆在其内，于是刊章讨捕。　②督邮：见《马援传》注。　③传舍：驿舍。　④仲博：范滂弟。　⑤龙舒：汉侯国，属庐江郡。滂父显，字叔矩，故龙舒侯相，故称龙舒君。　⑥李、杜：即李膺、杜密。

贾彪传

贾彪，字伟节，颍川定陵[①]人也。少游京师，志节慷慨，与同郡荀爽齐名[②]。初仕州郡，举孝廉[③]，补新息长[④]。小民困贫，多不养子，彪严为其制，与杀人同罪。城南有盗劫害人者，北有妇人杀子者，彪出案发[⑤]，而掾吏欲引南。彪怒曰："贼寇害人，此则常理，母子相残，逆天违道。"遂驱车北行，案验其罪。城南贼闻之，亦面缚自首[⑥]。数年间，人养子者千数，佥[⑦]曰："贾父所长"，生男名为"贾子"，生女名为"贾女"。

---

①定陵：见《光武帝纪》注。　②荀爽：颍川颍阴（今河南许昌）人。　③孝廉：见《郑玄传》注。　④新息：见《马援传》注。　⑤案发：案验事发之处。　⑥面缚：缚手于背而面向前。自首：自白其所犯之事于官，不待人举发。　⑦佥（qiān）：皆也。

延熹九年，党事起，太尉陈蕃争之不能得[①]，朝廷寒心，莫敢复言。彪谓同志曰："吾不西行[②]，大祸不解。"乃入洛阳，说城门校尉窦武、尚书霍谞[③]，武等讼之，桓帝以此大赦党人④。李膺⑤出，曰：“吾得免此，贾生之谋也。”

---

①党事：即第一次党禁。李膺等既以党事下狱，陈蕃上疏极谏，桓帝不纳，以他事免蕃。　②彪籍颍川，自颍川至洛阳为西行。　③城门校尉：汉官，掌京师城门，比二千石。　④武等讼党事，及桓帝赦党人，见《陈寔传》注。　⑤李膺：字元礼，历任河南尹司隶校尉，执法不挠。桓帝时，宦官诬以党事，下狱遇赦，及灵帝大捕党人，卒被杀害。

先是，岑晊以党事逃亡①，亲友多匿焉，彪独闭门不纳，时人望之②。彪曰：“《传》言‘相时而动，无累后人’③。公孝以要君致衅④，自遗其咎，吾以不能奋戈相待，反可容隐之乎？”于是咸服其裁正。以党禁锢，卒于家。

---

①岑晊（zhì）：字公孝，有高才，南阳太守成瑨请为功曹，宛有富贾张汎者，桓帝美人之外亲，以赂遗中官得显位，遂用势纵横，晊劝瑨收捕之，虽遇赦，竟诛杀汎，并收其宗族宾客，杀二百余人，后乃奏闻，中官使汎妻上书讼冤，桓帝大怒，征瑨下狱死，晊逃亡。　②望：怨望。　③二语见《左传》。相：视也。④要君：言以强力胁君。君，谓成瑨，即指劝捕张汎事。

初，彪兄弟三人，并有高名，而彪最优，故天下称曰：“贾氏三虎，伟节最怒！”

仇览传

仇览，字季智，一名香，陈留考城人也①。少为书生，淳默，乡里无知者。年四十，县召补吏，选为蒲亭长。劝人生业，为制科令，至于果菜为限，鸡豕有数。农事既毕，乃令子弟群居，还就黉学②。其剽轻游恣者③，皆役以田桑，严设科罚。躬助丧事，赈恤穷寡。期年，称大化④。

---

①考城：县名，今属河南。 ②黉学：即学校，如乡学、县学之类。 ③剽（piāo）：轻捷之意。 ④大化：犹大治。

览初到亭，人有陈元者，独与母居，而母诣览告元不孝。览惊曰："吾近日过舍，庐落整顿①，耕耘以时。此非恶人，当是教化未及至耳。母守寡养孤，苦身投老②，奈何肆忿于一朝③，欲致子以不义乎？"母闻感悔，涕泣而去。览乃亲到元家，与其母子饮，因为陈人伦孝行④，譬以祸福之言。元卒成孝子。乡邑为之谚曰："父母何在在我庭，化我鸤枭⑤哺所生。"时考城令河内王涣⑥，政尚严猛，闻览以德化人，署为主簿⑦。谓览曰："主簿闻陈元之过，不罪而化之，得无少鹰鹯之志邪[8]？”览曰：“以为鹰鹯，不若鸾凤。”[9]涣谢遣曰：“枳棘非鸾凤所栖[10]，百里岂大贤之路[11]？今日太学曳长裾[12]，飞名誉，皆主簿后耳[13]。以一月奉为资[14]，勉卒景行[15]。”

---

①庐落：如今人所称院落。　②投老：垂老；临老。　③肆忿：逞其忿心。　④人伦：伦常之道，如节孝信义等。　⑤鸤枭：即鸱枭，鸟类之一种，头大，嘴短而弯曲，如猫头鹰。　⑥王涣：一作王奂，字子昌。又作子炳。　⑦署：置也，立也。　⑧《左传》：“见无礼于君者，如鹰鹯之逐鸟雀也。”涣为政尚猛，闻览不治恶，心非之，故为是言。　⑨鸾凤为瑞鸟，有圣人出始见，鹰鹯不若鸾凤，犹言尚刑不如尚德。　⑩枳棘：小树。　⑪百里：谓小邑，因称一县。　⑫太学生之袍服，前后摆皆长，故曰长裾。　⑬皆主簿后：言今在太学之曳长裾而有声誉者，皆不及主簿。　⑭奉：与“俸”同。　⑮勉：勖勉。卒：终也，勿中怠也。景行：高明之德行。

览入太学。时诸生同郡符融有高名[1]，与览比宇[2]，宾客盈室。览常自守，不与融言。融观其容止，心独奇之，乃谓曰：“与先生同郡壤，邻房牖。今京师英雄四集，志士交结之秋，虽务经学，守之何固？”览乃正色曰：“天子修设太学，岂但使人游谈其中！”高揖而去，不复与言。后融以告郭林宗，林宗因与融赍刺就房谒之[3]，遂请留宿。林宗嗟叹，下床为拜。

---

①符融：字伟明，亦陈留人。　②近邻为比。比宇：言所居相近。　③赍（jī）：持以与人也。刺：署姓名之柬。

览学毕归乡里，州郡并请，皆以疾辞。虽在宴居①，必以礼自整。妻子有过，辄免冠自责。妻子庭谢，候览冠，乃敢升堂。家人莫见喜怒声色之异。后征方正②，遇疾而卒。三子皆有文史才，少子玄，最知名。

---

①宴居：闲暇无事之时。　②方正：见《郑玄传》注。

范式传

范式，字巨卿，山阳金乡人也[1]，一名氾。少游太学[2]，为诸生[3]，与汝南张劭为友[4]。劭，字元伯。二人并告归乡里。式谓元伯曰："后二年当还，将过拜尊亲，见孺子焉[5]。"乃共克期日[6]。后期方至，元伯具以白母，请设馔以候之。母曰："二年之别，千里结言，尔何相信之审邪[7]？"对曰："巨卿信士，必不乖违[8]。"母曰："若然，当为尔酝酒[9]。"至其日，巨卿果到，升堂拜饮，尽欢而别。式仕为郡功曹[10]。后元伯寝疾笃，同郡郅君章、殷子徵晨夜省视之[11]。元伯临尽，叹曰："恨不见吾死友！"子徵曰："吾与君章尽心于子，是非死友，复欲谁求？"元伯曰："若二子者，吾生友耳。山阳范巨卿，所谓死友也。"寻而卒。式忽梦见元伯玄冕垂缨屣履[12]而呼曰："巨卿，吾以某日死，当以尔时葬，永归黄泉。子未我忘，岂能相及？"式怳然觉寤[13]，悲叹泣下，具告太守，请往奔丧。太守虽心不信，而重违其情[14]，许之。式便服朋友之服[15]，投其葬日[16]，驰往赴之。式未及到，而丧已发引[17]，既至圹[18]，将窆[19]，而柩不肯进。其母抚之曰："元伯，岂有望邪[20]？"遂停柩移时，乃见有素车白马，号哭而来。其母望之曰：

“是必范巨卿也。”巨卿既至，叩丧言曰：“行矣元伯！死生路异，永从此辞。”会葬者千人，咸为挥涕。式因执绋而引㉑，柩于是乃前。式遂留止冢次，为修坟树，然后乃去。

---

①山阳：汉郡，属兖州。金乡：县名，今属山东。　②太学：见《郑玄传》注。　③诸生：见《胡广传》注。　④汝南：见《郑玄传》注。　⑤孺子：指元伯之子，谓见其子。⑥克期日：严定日期。　⑦相信之审：深信之意。　⑧乖：背也。　⑨酝（yùn）：酿酒。　⑩功曹：见《臧洪传》注。⑪郅（zhì）君章：名恽；殷子徵：名燀，二人与元伯皆汝南人，故曰同郡。　⑫玄冕：礼冠。屣履：见《郑玄传》注。　⑬怳然：不真切貌。　⑭重违：不便违逆。　⑮朋友之服：无服之服也，临丧稍缀凶饰，以表哀意，事毕则已。　⑯投：适也。　⑰引：引布，古谓之绋，所以挽柩车前进者，车行，引布前导，故称发引。　⑱圹：墓穴。　⑲窆（biǎn）：下棺。　⑳望：心有所恋。　㉑绋：引棺索。

后到京师，受业太学。时诸生长沙陈平子亦同在学①，与式未相见，而平子被病将亡，谓其妻曰：“吾闻山阳范巨卿，烈士也，可以托死。吾殁后，但以尸埋巨卿户前。”乃裂素为书②，以遗巨卿。既终，妻从其言。时式出行适还，省书见瘗③，怆然感之④，向坟揖哭，以为死友。乃营护平子妻儿，身自送丧于临湘⑤。未至四五里，乃委素书于柩上，哭别而去⑥。其兄弟闻之，寻求不复见。长沙上计掾史到京师⑦，上书表式行状，三府并辟，不应。

---

①长沙：秦置郡，治所在今长沙。 ②素：白绢。 ③瘗（yì）：谓所埋。 ④怆然：伤感貌。 ⑤临湘：秦县，故城在今湖南长沙市。 ⑥委：弃置。素书：即前平子所遗。委书哭别，意告平子已依言措办。 ⑦汉制，郡国每岁遣吏如京师进会计簿籍，谓之上计。

举州茂才①，四迁荆州刺史②。友人南阳孔嵩③，家贫亲老，乃变姓名，佣为新野县阿里街卒④。式行部到新野⑤，而县选嵩为导骑迎式⑥。式见而识之，呼嵩，把臂谓曰："子非孔仲山邪？"对之叹息。语及平生，曰："昔与子俱曳长裾，游息帝学⑦。吾蒙国恩，致位牧伯⑧，而子怀道隐身，处于卒伍，不亦惜乎！"嵩曰："侯嬴长守于贱业⑨，晨门肆志于抱关⑩。子欲居九夷，不患其陋⑪。贫者士之宜，岂为鄙哉！"式敕县代嵩⑫，嵩以为先佣未竟，不肯去。嵩在阿里，正身厉行，街中子弟，皆服其训化。遂辟公府。之京师，道宿下亭，盗共窃其马，寻问知其嵩也，乃相责让曰："孔仲山善士，岂宜侵盗乎！"于是送马谢之。嵩官至南海太守。

式后迁庐江太守⑬，有威名。卒于官。

---

①茂才：科目名，见《郑玄传》注。 ②荆州：汉置州，今湖北湖南皆有地属之，三国之吴，以治南郡，后遂专以其地为荆州，明清为府，今废。 ③南阳：见《光武帝纪》注。 ④阿里：里名。街卒：司扫除道路等事者。 ⑤行部：见《陈寔传》注。 ⑥导骑：导引之骑。 ⑦帝学：即太学。 ⑧牧伯：州之长官。 ⑨侯嬴：战国时人，为大梁夷门监者，魏公子无忌闻其贤，往厚遗之，嬴不肯受，曰："臣修身洁行数十年，终不以监门困故，受公子财。" ⑩晨门：孔子弟子仲由所遇之隐者，其名不传，见世乱，不求显达，惟掌晨启门之晨门职。故名曰晨门。肆志：谓得行其志。抱关：守门也。 ⑪孔子因在中国不能行道，欲居九夷，或曰："陋如之何？"子曰："君子居之，何陋之有！"九夷：古时东方之九种民族。亦指其所居之地。 ⑫敕县代嵩：敕令新野县长别以人代嵩之职。 ⑬庐江：汉郡，当时属扬州，在今安徽。

范冉传

范冉[1]，字史云，陈留外黄人也[2]。少为县小吏，年十八，奉檄迎督邮[3]，冉耻之，乃遁去。到南阳，受业于樊英[4]。又游三辅，就马融通经，历年乃还[5]。

①冉：他书多作“丹”。　②陈留、外黄：皆见《胡广传》注。　③督邮：见《马援传》注。　④樊英：字季齐，南阳人，习《易》明经。　⑤范冉游学南阳、三辅等地，十三年乃归，至家人不识。

冉好违时绝俗，为激诡之行[1]。常慕梁伯鸾、闵仲叔之为人[2]。与汉中李固、河内王奂亲善[3]，而鄙贾伟节、郭林宗焉[4]。奂后为考城令[5]，境接外黄，屡遗书请冉，冉不至。及奂迁汉阳太守[6]，将行，冉乃与弟协步赍麦酒，于道侧设坛以待之[7]。冉见奂车徒骆驿，遂不自闻，惟与弟共辩论于路。奂识其声，即下车与相揖对。奂曰：“行路仓卒，非陈契阔之所[8]，可共到前亭宿息，以叙分隔。”冉曰：“子前在考城，思欲相从，以贱质自绝豪友耳。今子远适千里，会面无期，故轻行相候，以展诀别。如其相追，将有慕贵之讥矣。”便起告违[9]，拂衣而去。奂瞻望弗及，冉长逝不顾。

---

①激诡：违俗立异之意。 ②梁伯鸾：名鸿，后汉初年时人，尚节介，博览无所不通，隐居不仕。闵仲叔：名贡，世称节士，建武中，被辟，以不见用，投劾去。 ③汉中：秦置郡，当时地域，今陕西、湖北皆有地属之。李固：字子坚，与《吴祐传》中之李固为二人，盖本传之李固，别为一人，亦字子坚，而非汉中籍，作者以冉遗令所引，其姓字皆与太尉李固同，不加深察，径举太尉之汉中李固以实之，殊误。 ④贾伟节：即贾彪，前有传。 ⑤奂令考城，见《仇览传》。 ⑥汉阳：后汉郡，地在今甘肃，郡治冀，故城在今甘谷县南。 ⑦坛：见《吴祐传》注。 ⑧契（qiè）阔：疏隔之意。 ⑨违：离也。

桓帝时[1]，以冉为莱芜长[2]，遭母忧，不到官。后辟太尉府[3]，以狷急不能从俗，常佩韦于朝[4]。议者欲以为侍御史[5]，因遁身逃命于梁沛之间[6]，徒行敝服，卖卜于市[7]。遭党人禁锢[8]，遂推鹿车[9]，载妻子，捃拾自资[10]。或寓息客庐[11]，或依宿树荫。如此十余年，乃结草室而居焉。所止单陋，有时粮粒尽，穷居自若，言貌无改。闾里歌之曰：“甑中生尘范史云，釜中生鱼范莱芜[12]。”及党禁解，为三府所辟，乃应司空命。是时西羌反叛，黄巾作难，制诸府掾属，不得妄有去就。冉首自劾退，诏书特原不理罪[13]。又辟太尉府，以疾不行。

---

①桓帝：见《胡广传》注。　②莱芜：汉县，故城在今山东淄川县东南，今山东莱芜县，则唐所置，为汉嬴县，非汉故莱芜地。　③太尉：见《马援传》“三府”注。　④韦：皮革之制成而柔软者，战国时，西门豹性急，常佩韦以自缓。　⑤侍御史：官名，秩六百石，掌察举非法。　⑥梁、沛：皆地名，梁在今河南，沛在今江苏。　⑦冉因屡空，又不治生，以卜筮之术，可由吉凶道治民情以受薄偿，且无咎累，乃卖卜于市，为人所觉，辄去。　⑧禁锢党人事，见《郑玄传》注及《陈寔传》注。　⑨鹿车：窄小之车。　⑩捃（jūn）：亦拾也。捃拾：谓拾取遗弃之谷粒。　⑪客庐：供旅客投宿的处所。　⑫釜中生鱼：言久不作炊。　⑬宥罪曰“原”。

中平二年①，年七十四，卒于家。临命遗令敕其子曰：“吾生于昏暗之世，值乎淫侈之俗，生不得匡世济时②，死何忍自同于世！气绝便敛，敛以时服，衣足蔽形，棺足周身，敛毕便穿③，穿毕便埋。其明堂之奠④，干饭寒水，饮食之物⑤，勿有所下。坟封高下，令足自隐⑥。知我心者，李子坚、王子炳也⑦。今皆不在⑧，制之在尔⑨，勿令乡人宗亲有所加也。”于是三府各遣令史奔吊⑩。大将军何进移书陈留太守⑪，累行论谥⑫，佥曰：“宜为贞节先生⑬。”会葬者二千余人。刺史郡守各为立碑表墓焉⑭。

---

①中平：见《臧洪传》注。　②匡：救正。　③穿：凿土。④明堂：神明之堂，谓圹中也。　⑤干：与“乾”通。　⑥聚土曰封，故冢谓之封。隐：谓人立可隐肘。　⑦李子坚、王子炳：见上。　⑧不在：不在此也。　⑨制：裁断。　⑩令史：官名，此处则三府属官。　⑪陈留太守：姓淳于。　⑫累行：积集其事行。　⑬谥法：清白守节曰贞，好廉自克曰节。⑭立碑表墓：为文刊碑立墓前以表彰其人。

严 光 传

严光，字子陵，一名遵，会稽余姚人也①。少有高名，与光武同游学。及光武即位，乃变名姓，隐身不见。帝思其贤，乃令以物色访之②。后齐国③上言“有一男子，披羊裘钓泽中”。帝疑其光，乃备安车玄纁④，遣使聘之；三反而后至。舍于北军⑤，给床褥，太官朝夕进膳⑥。司徒侯霸与光素旧⑦，遣使奉书。使人因谓光曰：“公闻先生至，区区欲即诣造⑧。迫于典司⑨，是以不获。愿因日暮，自屈语言。”光不答，乃投札与之⑩，口授曰：“君房足下：位至鼎足⑪，甚善。怀仁辅义天下悦，阿谀顺旨要领绝⑫。”霸得书，封奏之。帝笑曰：“狂奴故态也。”车驾即日幸其馆。光卧不起，帝即其卧所，抚光腹曰：“咄咄子陵⑬！不可相助为理邪⑭？”光又眠不应，良久，乃张目熟视，曰：“昔唐尧著德，巢父洗耳⑮。士故有志，何至相迫乎！”帝曰：“子陵，我竟不能下汝邪？”于是升舆叹息而去。

---

①会稽：秦置郡，今江苏、浙江皆有地属之，治今江苏苏州。余姚：县名，今属浙江。　②物色访之：谓以形貌求之；后因称察访人物为物色。　③齐国：见《齐武王縯传》“齐”

注。　④玄纁：皆币也，色有玄有纁，纁三入而成，再染以黑则为緅，又再染以黑则为缁，玄色在緅缁之间。　⑤北军舍：待诏上书人所止。　⑥太官：汉置官，属少府，掌饮御食。　⑦侯霸：字君房。　⑧区区：寸心之意。　⑨迫：忙迫。典司：职守。　⑩古无纸，文字书于小木简，谓之札。　⑪鼎有三足，故称三公为鼎足。　⑫怀仁辅义：以仁为念，以义助。要：同“腰”。领：颈项之总名。要领绝：身首分裂，谓不保其生命。光武于大臣少容忍，其时公相，率多阿顺之徒，光为此言，所以开广帝心，勉励臣节。　⑬咄咄：嗟叹声。　⑭理：犹治。　⑮唐尧：古圣帝，陶唐氏，名尧，号放勋。巢父：当时隐者，参阅《申屠蟠传》“巢栖”注。尧聘许由为九州长，许由不受，洗耳于河，巢父见而问得其故，乃曰：“吾欲饮牛，毋污牛口！”牵牛至上流而饮之，此直言巢父洗耳，盖借用许由事。

复引光入，论道旧故，相对累日。帝从容问光曰：“朕何如昔时？”对曰：“陛下差增于往。”因共偃卧[1]，光以足加帝腹上。明日，太史奏客星犯御座甚急[2]，帝笑曰：“朕故人严子陵共卧耳。”除为谏议大夫[3]，不屈，乃耕于富春山，后人名其钓处为严陵濑焉[4]。

建武十七年[5]，复特征，不至。年八十，终于家。帝伤惜之，诏下郡县赐钱百万，谷千斛。

---

①仰而倒曰“偃”。　②太史：掌天文占候。客星：星之

不习见而忽现者。御座：帝座星。　③谏议大夫：官名，掌议论，秩六百石。　④富春山：在浙江桐庐西，前临富春江，江侧有滩，即严陵濑。　⑤建武：光武年号。

乐羊子妻

河南乐羊子之妻者①，不知何氏之女也。羊子尝行路，得遗金一饼，还以与妻，妻曰：“妾闻志士不饮盗泉之水②，廉者不受嗟来之食③，况拾遗求利，以污其行乎！”羊子大惭，乃捐金于野，而远寻师学。一年来归，妻跪问其故。羊子曰：“久行怀思，无它异也。”妻乃引刀趋机而言曰：“此织生自蚕茧，成于机杼，一丝而累，以至于寸，累寸不已，遂成丈匹。今若断斯织也，则捐失成功，稽废时月④。夫子积学，当日知其所亡⑤，以就懿德⑥。若中道而归，何异断斯织乎？”羊子感其言，复还终业，遂七年不反。

---

①河南：汉郡，治洛阳县（今洛阳市东北）。 ②盗泉：在山东泗水县东北；孔子过之恶其名，虽渴不饮。 ③齐大饥，黔敖为食于路，以待饿者，旋一饿者来，黔敖奉食招之曰：“嗟！来食！”饿者扬其目曰：“余惟不食嗟来之食以至于斯也！”黔敖从而谢焉，饿者终不食而死。 ④稽：延留之意。⑤亡：同“无”。“日知其所亡，月无忘其所能。”孔子语。⑥就：成就。懿德：美德也。

妻常躬勤养姑，又远馈羊子。尝有它舍鸡谬入园中，姑盗杀而食之，妻对鸡不餐而泣。姑怪问其故。妻曰："自伤居贫，使食有它肉。"姑竟弃之。后盗欲有犯妻者，乃先劫其姑。妻闻，操刀而出。盗人曰："释汝刀！从我者可全，不从我者，则杀汝姑。"妻仰天而叹，举刀刎颈而死。盗亦不杀其姑。太守闻之，即捕杀贼盗，而赐妻缣帛①，以礼葬之，号曰"贞义"。

①缣：重绢而色微黄者。帛：丝织物。

董祀妻

陈留董祀妻者，同郡蔡邕[①]之女也，名琰[②]，字文姬。博学有才辩，又妙于音律。适河东卫仲道[③]。夫亡，无子，归宁[④]于家。兴平[⑤]中，天下丧乱，文姬为胡骑[⑥]所获，没于南匈奴左贤王，在胡中十二年，生二子。曹操素与邕善，痛其无嗣，乃遣使者以金璧赎之，而重嫁于祀。

---

①蔡邕：陈留圉人。　②琰：音 yǎn。　③河东：秦置郡，地在今山西。　④女子既嫁而归曰“归宁”。　⑤兴平：献帝年号。惟案下文姬诗词，董卓逼主，遣将四出侵掠，均系献帝初元初平年间事，而文姬没于匈奴，亦当在灵帝崩后匈奴寇略河内诸郡时，故兴平恐系初平之误。　⑥胡骑：疑指卓部下侵掠之兵，盖文姬归宁，未及抵家，中途被掠于卓骑，旋又流落匈奴。

祀为屯田都尉[①]，犯法当死，文姬诣曹操请之。时公卿名士及远方使驿坐者满堂，操谓宾客曰：“蔡伯喈女在外，今为诸君见之。”及文姬进，蓬首徒行[②]，叩头请罪，音辞清辩，旨甚酸哀，众皆为改容。操曰：“诚实相矜，然文状已去，奈何？”文姬曰：“明公厩马万匹，虎士成林③，何惜疾足一骑，而不济垂死之命乎！”操感其言，乃追原祀罪④。时且寒，赐以头巾履袜。操因问曰：“闻夫人家先多坟籍⑤，犹能忆识之不？”文姬曰：“昔亡父赐书四千许卷，流离涂炭，罔有存者。今所诵忆，裁四百余篇耳。”操曰：“今当使十吏就夫人写之。”文姬曰：“妾闻男女之别，礼不亲授。乞给纸笔，真草唯命。”于是缮书送之，文无遗误。

后感伤乱离，追怀悲愤，作诗二章……

---

①屯田都尉：都尉官之掌屯田事者。　②不乘车者谓之徒行，此处盖徒跣，谓不履袜，故下有赐履袜之事。　③虎士：犹勇士。　④原：见《范冉传》注。　⑤坟籍：古书籍。